DAVID CRYSTAL

HE LANGUAGE REVOLUTION

Themes for the 21st Century

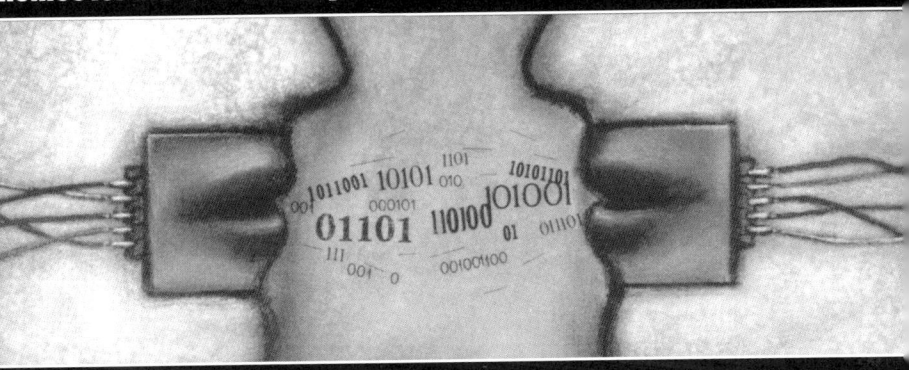

21세기를 위한 주제 05

언어 혁명

데이비드 크리스털 지음 · 김기영 옮김

올력

The Language Revolution by David Crystal
Copyright ⓒ 2004 by David Crystal
All Rights reserved.

Korean translation edition ⓒ 2009 by Ulyuck Publishing House
Published by arrangement with Polity Press
in association with Blackwell Publishing Ltd., Oxford, UK
via Bestun Korea Agency, Korea
All rights reserved.

언어 혁명 (21세기를 위한 주제 05)

지은이 | 데이비드 크리스털
옮긴이 | 김기영
펴낸이 | 강동호
펴낸곳 | 도서출판 울력
1판 1쇄 | 2009년 11월 30일
등록번호 | 제10-1949호(2000. 4. 10)
주소 | 152-889 서울시 구로구 오류1동 11-30
전화 | (02) 2614-4054
FAX | (02) 2614-4055
E-mail | ulyuck@hanmail.net
값 | 11,000원

ISBN | 978-89-89485-76-6 03700

· 잘못된 책은 바꾸어 드립니다.
· 옮긴이와 협의하여 인지는 생략합니다

차례

일러두기

1. 이 책은 David Crystal의 *The Language Revolution* (Polity, 2004)을 완역하였다.

2. 이 책은 원서의 체제를 따랐다.

3. 본문에서 책과 신문, 잡지 등은 『 』로, 논문과 기사는 「 」로 표시하였다. 그리고 영화나 연극, 음악 작품은 〈 〉로 표시하였다. 원어 그대로 표기한 경우, 책과 신문, 잡지 등은 이탤릭체로, 논문과 기사는 " "로 표시하였다.

4. 주석은 책 뒷부분에 있으며, 장별로 일련 번호를 붙여 정리하였다.

5. 원서에서 ' '로 표시한 것은 " "로 표시하였다. 본문 중 ' '는 옮긴이가 표시한 것이다.

머리말

이 책은 1997년부터 2001년 사이에 출판된 나의 세 권의 전작, 『왜 영어가 세계어인가*English as a Global Language*』, 『언어의 죽음*Language Death*』, 『언어와 인터넷*Language and the Internet*』을 종합하여 더욱 깊이 있는 통찰에 이르기 위해 쓰여졌다. 이 세 권의 책은 3부작으로 연결된 것이지만, 마지막 책이 나오고 나서야 세 권이 가지고 있는 상호 보완성에 대해 확실히 인식할 수 있었다. 이 책은 이 세 권의 관계를 강조하고, 이들이 다루고 있는 언어 트렌드의 동시대적 중요성을 살펴보고 있다.

　나는 여기서 저작 방식의 문제에 직면하게 되었는데, 나의 답이 합당하길 희망한다. "21세기를 위한 주제들" 시리즈는 일반 독자를 대상으로 하고 있기 때문에, 독자들이 전작에 친숙하지 않을 수 있다고 가정하였다. 따라서 첫 세 장은 먼저 나온 세 권의 책을 요약하고 있음을 밝힌다. 세 권의 책을 이미 읽은 독자라면(주로 언어학자나 언어 전문가들이겠지만) 강한 기시

감을 느낄 것이며, 여기에 대해서는 사과드리는 바이다. 그러나 이 책은 전문가들을 염두에 두고 쓰여진 것이 아니다.

"21세기를 위한 주제들" 시리즈는 참고 문헌이나 주석을 최소한으로 하고 있기 때문에 이 책 역시 주석을 적게 달았고, 단다 해도 가끔 등장하는 인용의 출처를 나타내기 위함이었다. 단점은 만일 독자가 내 주장의 근본을 좀 더 상세히 조사하고 싶어 할 경우, 수백 개의 각주와 참고 문헌이 실려 있는 전작 세 권에 의지할 수밖에 없다는 점이다. 하지만 『왜 영어가 세계어인가』의 경우를 보더라도 2003년에 나온 2판에만 이와 같은 참고 자료들이 실려 있다.

데이비드 크리스털

2003년 9월, 홀리헤드에서

감사의 말

이 책에 등장하는 토마스R. S. Thomas의 시는 그의 『시선집*Col-lected Poems 1945-90*』(London: Phoenix Press, 2001) 2판에 나와 있는 시들로, 귀디온 토마스Gwydion Thomas(ⓒKunjana Thomas 2001)의 허락 덕분에 실을 수 있었다. 「익사Drowning」는 원래 『웨일스의 대기*Welsh Airs*』(Bridgend, Poetry Walers Press, 1987)에 들어 있는 작품이고, 「생각은 상처를 남긴다It Hurts to Think」는 『웨일스 인으로 산다는 것*What is a Welshman?*』(Swansea, Christopher Davies, 1974)에 실려 있다. 「저수지Reservoirs」는 『그는 꽃을 가져오지 않았다*Not That He Brought Flowers*』(London, Rupert Hart-Davies, 1968)에 수록된 시이다.

서론 : 새로운 언어 세계

2000년은 십여 년간 이어진 언어 혁명에 종지부를 찍은 해였다. 21세기는 이 혁명의 결과를 감당해야 할 시기가 될 것이다.

언어 혁명을 인식한 사람은 드물었다. 하지만 이 시기의 언어적 변화는 천천히, 미묘한 방식으로 진행되었다. 그 결과를 예측하기도 힘들었으며, 일정한 시간이 지나고 나서야 인식되었다. 대부분의 사람들은 언어 사용을 당연한 것으로 생각하고, 언어를 관심의 중심에 두는 일에 익숙하지 않다. 또한 언어에 영향을 미치는 이와 같은 혁명이 인류 역사상 드문 일이기 때문에, 이런 경우 어떻게 대처해야 할지 분명하지도 않았다. 심지어 (언어학에 종사하는) 언어 전문가들조차도 20세기 말에 이르러서야 눈앞에서 벌어지는 다양한 현상의 전례 없는 본질에 대해 대중의 주목을 유도하기 시작했다. 그리고 우리는 아직 여기에 대해 통합된 설명을 하지 못하고 있으며, 이 책은 그 설명을 위한 첫 시도이다. 그러나 한 발 뒤로 물러나

1990년대에 언어가 겪었던 극적인 변화에 대해 되돌아본다면, 우리가 새로운 언어 시대의 시작에 서 있음은 논박의 여지가 없을 것이다.

만일 유럽이 2001년을 '유럽이 정한 언어들의 해European Year of Languages'로 공표했음을 알고 있다면 뭔가 일어나고 있다는 짐작은 할 수 있을 것이다. 1년이 통째로 언어에 바쳐진 것은 처음 있는 일이며, 비록 유럽에 국한된 일이지만 그 목적은 야심차게 보편적이다. 하지만 이 해가 "유럽 고유의 언어들"을 기리는 '유럽 언어의 해Year of European Languages'로 정해진 것은 아니다. 이 해는 유럽에서 사용되는 모든 언어들을 포함해, 유럽 전역에서 소수에 의해 사용되는 수십 가지의 아프리카와 아시아 언어들까지도 모두 기린다는 것을 의미하였다. 문화적 정체성의 표현으로서, 세계적이고도 국가적인 소통의 도구로서, 개인과 국가가 더 광범위한 문화적, 상업적 세계에 문호를 개방할 때 사용하는 도구로서 언어의 중요성에 초점을 맞춘 한 해였다. 그것은 간단히 '유럽이 정한 언어의 해European Year of Language'로 불려졌을 수도 있다. 약어는 EYL로 마찬가지였을 것이다.

이 한 해 동안 각국에서 많은 행사가 열렸으며, 매년 9월 26일을 세계 언어의 날로 정해 다양한 언어 사용(혹은 복수 언어 사용)과 외국어 학습의 중요성에 대중의 관심을 모으고자 한 것도 성과물 중 하나이다. 비슷한 결정은 앞서도 있었다. 1999년, 유네스코는 2월 21일을 세계 모국어의 날로 정한 바 있다.

이 날은 1952년 2월 21일 다섯 명의 학생이 지금의 방글라데
시인 파키스탄 일부 지역에서 방글라어의 공용어 지위를 지키
려다가 목숨을 잃은 것을 기념하기 위함이었다. 이 날의 제정
목적 역시 언어의 다양성과 복수 언어 교육을 지키고 진흥시
키기 위함이다. 3년이라는 기간 동안 언어를 위한 두 개의 "기
념일"이 탄생했다는 사실에 주목할 만하지 않은가! 그 이전까
지 언어는 이와 같은 지대한 관심을 한 번도 받아 본 일이 없
다. 90년대 중반에 이러한 결과를 낳게 했던 추진력이 그토록
성공적으로 속도감을 얻을 수 있었던 것을 우연으로만 치부할
수 있을까? 언어 혁명이 일어나고 있었다면, 우연은 아니었을
것이다. 이것은 정확히 실질적인 결과물 — 만일 새로운 언어
적 에너지에 대한 점증하는 인식으로부터 동기와 열정을 이끌
어 냈다면 충분히 예상 가능했던 — 이다.

　　나는 지금 일어나고 있는 현상을 설명하기 위해 "혁명"이
라는 말을 사용하는 것이 지나치다고 생각하지 않는다. "혁
명"은 비교적 짧은 시간 내에 의식이나 행동에서 혁신적인 변
화를 초래한 일련의 사건으로 구성되며, 바로 일어나고 있는
일이다. 언제나 상존하는 과거와의 연속성은 그러나 완전히
새로운 전망의 등장으로 인해 가려지고 만다. 개별 언어의 맥
락에서 본다면 혁명은 드문 일이다. 영어의 역사를 그 예로 살
펴보면, 영국에 언어가 전해진 5세기 이후 단지 두 번의 혁명
을 목격할 수 있을 뿐이다. 첫 번째 혁명은 중세 초기에 발생
했는데, 언어적 발전과 11세기 무렵의 사회정치적 요소들이

결합하여 고대 영어를 중세 영어로 탈바꿈시켰다. 문법이 크게 달라지고 로망스어[프랑스어, 스페인어, 포르투갈어 등 라틴어에서 유래된 언어: 옮긴이]적인 요소가 철자법과 어휘에 심대한 영향을 주었다. 이 혁명은 사실상 우리를 『베어울프*Beowulf*』[8세기 초 고대 영어로 된 서사시: 옮긴이]의 세계에서 초서Geoffrey Chaucer[14세기 영국 시인: 옮긴이]의 문학으로 데려다 주었다. 그 다음으로는 초서에서 셰익스피어로 15세기 문학을 발전시킨 사건으로, 중세 영어를 문법, 음운, 철자법에서 크게 변모한 초기 근대 영어로 바꾸어 놓았다. 초기 근대 영어는 특히 인쇄술과 르네상스의 축적된 영향을 특징으로 하는데, [그리스어와 라틴어의] 고전 어휘들이 영어로 대량 유입된다. 셰익스피어 이후, 영어는 꾸준히 진화했지만, 우리가 셰익스피어의 연극을 관람하면서 대부분의 표현을 이해할 수 있다는 사실이 말해 주듯, 급격한 변화는 없었다. 그것은 분명 지금의 영어와 "동일한" 언어이다. 그것은 우리가 초서의 작품을 대할 때는 편안한 마음으로 느낄 수 없고, 『베어울프』를 읽으려 시도할 때는 거의 가질 수 없는 직감을 선사한다.

　　다른 언어들도 그들만의 혁명적인 변화를 겪었다. 그러나 모두가 다른 시기에 다른 이유로 유발된 것이다. 전쟁이나 동맹 관계, 정치적 변혁은 엄청난 사회적 변화(이에 따른 언어적 변화)를 유발하지만, 이러한 사건들은 결코 정해진 시간표에 따라 일어나지 않는다. 프랑스 혁명은 프랑스어와 프랑스 내 군소 언어들에 중요한 변화를 초래했지만, 그 외 지역에 대한 언어적 영향은 미미한 것이었다. 마찬가지로 러시아 혁명도 소련 연방의 군소 언어 존립에 심각한 영향을 줄 수 있는 정책들을 초래했지만, 그 외 지역에서는 별 파급 효과를 발휘하지 못했다. 넓은 의미에서 다수의 언어 그룹에 영향을 미치는 변화를 발견하는 것은 대단히 특별한 일이며, 모든 언어에 영향을 줄 수 있는 범세계적인 변화는 지극히 드문 일이다. 사실, 마지막 요점을 설명하기 위해 우리는 설명의 차원을 바꾸어야 하고 언어의 특징에 범세계적인 영향을 미친 새로운 매체의 도래(저작, 인쇄, 전화, 방송)에 대해 언급해야 한다. 인터넷은 이들 중 가장 최근의 것이지만(제3장에서 다루고 있다), 파급 효과는 가장 혁명적이라고 할 수 있다. 인터넷은 이전의 소통 행위와 가장 연계성이 떨어지는 매체이기 때문에 "혁명"이라는 표현에 특히 타당성을 부여하고, 실제로 이 말은 과용의 위기에 처해 있기도 하다.

20세기 후반(특히 1990년대)을 언어의 역사에서 대단히 의미 있는 시기로 만든 것은 세 가지 주요 트렌드가 함께 어우러져 있기 때문이다. 각각이 그 의미에서 전 지구적이고, 모두 합해지면 세계적인 언어 생태계에 근본적인 변화를 초래하게 된다. 나의 "혁명적"이라는 형용사를 정당화해 주는 것은, 모든 언어에 유례 없는 방식으로 변화를 낳고 있는, 세 가지 트렌드의 종합적인 영향력이다. 나는 이것에 대해 따로 분리해 기술했지만, 이 책은 하나의 연관된 틀 안에 이들을 함께 모아 보려는 첫 시도이며, 특히 언어의 미래와 언어 전반에 미칠 파급 효과에 대해 탐색하기 위한 첫 시도이다.『왜 영어가 세계어인가』(1997)에서 나는 영어가 진정한 의미에서 최초의 세계 공용어로 부상한 이유와 이 새로운 지위가 영어 자체에 미칠 극적인 효과에 대해 다루었다. 영어의 미래는 생각처럼 분명하지 않다(이 논의는 제1장에서 이루어진다).『언어의 죽음』(2000)은 생명을 다하거나 사라져가는 수많은 언어들이 직면하고 있는 위기에 대해 논의하고 있으며, 언어의 보존과 소생을 향한 새로운 시작에 대해 전하고 있다. 지금 우리는 전 세계 언어의 최소한 절반 이상이 사라질지도 모르는 위기를 맞이하고 있고, 그 내용은 제2장에 포함되어 있다.『언어와 인터넷』(2001)은 인터넷 기술의 도래가 언어에 미친 급격한 영향에 관한 것이다. 인터넷은 언어적으로 새로운 소통 매체로 구어와 문어를 보완하고 있으며, 언어의 진화 방식에 대한 새로운 물음을 제기한다. 이 주제는 3장에서 다루어진다.

위의 세 주제들은 세 저작에서 그러하듯 개별적으로 다루어지며, 관련성에 대한 요점은 단편적으로 언급된다. 이들 주제를 함께 검토한다면, 그리고 그 관련성에 주목한다면, 우리는 지금까지와는 완전히 다른 언어적 미래에 대한 전망과 만나게 된다. 그 미래에는 우리의 사고나 언어적 작업 방식과 관련된 많은 소중한 개념들을 수정할 필요가 있다. 수정의 본질에 대한 몇몇 조언들은 4, 5장에서 찾아볼 수 있다. 언어에 대한 관심사는 전체적인 것이며, 언어학자, 언어 교사와 언어 "산업"에 몸담고 있는 다른 전문가들의 책임을 넘어서는 것이다. 또한 전통적으로 언어적 사건과 관련이 없는 것으로 여겨진 사회 부문들과 연관되어 있다. 그러나 이는 혁명의 본질이다. 혁명은 모든 사람에게 영향을 미친다.

1. 영어의 미래

진정한 세계어로서 영어의 부상은 1990년대에 두드러진 세 가지 트렌드 중 가장 빨리 이루어진 것이다. "진정한"이라는 표현은 대단히 중요하다. 영어가 세계 공용어로 부상할 가능성은 이미 18세기부터 분명해졌다. 1780년, 훗날 미국 대통령 자리에 오른 존 애덤스는 다음과 같이 말했다. "영어는 다음 세대, 그리고 이어질 세대에 과거의 라틴어나 지금의 프랑스어보다 더욱 보편적인 세계의 언어가 될 것이다."[1] 그러나 그의 말이 옳았음이 입증되기까지는 200여 년의 세월이 흘렀다. 불과 얼마 전까지만 해도 영어가 진정한 세계 공용어가 되리라는 전망은 불확실했다. 사실 세계 공용어로서의 영어의 존재가 전면으로 부상하기 시작한 것은 1990년대에 이르러서였고, 여론 조사와 서적, 학회들은 하나의 언어가 진정한 세계 공용어로 자리매김한다는 것이 어떤 것인지, 그 결과는 무엇인지, 왜 영어가 최강의 후보가 되었는지에 대한 설명을 시도하였다.[2] 그러나 영어의 미래(혹은, 아래에 설명하겠지만 영어들의 미래)를 추측하기 위해서는 지금의 상황과, 이 상황이 도래한 원인에 대해 이해할 필요가 있다.

현재

먼저 특성을 기술한 후, 통계 자료를 살펴보겠다. 하나의 언어는 모든 국가에서 인정되는 특별한 역할을 해내기 전까지는 진정한 세계 공용어의 지위를 얻지 못한다. 이 역할은 대다수의 국민들이 그 언어를 제1언어(모국어)로 사용하는 곳에서 가장 분명해질 것이다. 영어의 경우, 미국, 캐나다, 영국, 아일랜드, 호주, 뉴질랜드, 남아프리카공화국, 카리브 해 일부 국가 외의 몇몇 나라들을 의미한다. 아직 그 어떤 언어도 십여 개 이상 국가에서 대다수의 모국어 사용 인구에 의해 사용된 적이 없었다. 모국어로 사용된다는 사실만으로는 한 언어에 세계 공용어의 지위를 줄 수 없다. 세계 공용어의 지위를 얻기 위해서는 다른 국가에서 사용되어야 한다. 국가는 설사 모국어 사용자가 거의(혹은 전혀) 없다 하더라도 그 언어에 특별한 자리를 내줄 것인지 결정해야 한다.

　여기에는 두 가지 방법이 있다. 첫째, 한 나라의 공식어(혹은 준공식어)가 되어 정부 기관, 법원, 언론, 교육 시스템 내에서 소통의 도구로 사용되는 것이다. 제도권 기관에 합류하기 위해서는 가능하면 어린 나이에 이 언어를 통달하는 것이 관건이 될 것이다. 이 역할은 영어가 잘 설명하고 있다. 영국과 미국의 과거사의 결과물로서, 영어는 이제 (가나, 나이지리아, 인도, 싱가포르, 바누아투 등) 세계 70여 개국에서 특별한 행정적 지위를 누리게 되었다. 이것은 다른 언어들과는 비교할 수 없는 영향력이다(프랑스어가 그나마 가장 근접하다). 둘째, 한 국가의 외국어 교육에서 가장 우선순위가 되는 것이다. 학교에 들어간 어린이들이 가장 배우고 싶어 하는 언어가 되고, (어떤 이유에서건) 학창 시절에 배운 적이 없거나 제대로 배우지 못한 성인들에게 가장 필요한 언어가 되는 것이다. 100여 개국에서 영어는 이와 같은 외국어의 입지를 다졌고, 그 대부분 국가의 학교에서 최우선적으로 교육하는 외국어로 인정받고 있다.

이와 같은(제1언어, 제2언어, 외국어 사용자라는) 세 갈래의 발전 때문에 하나의 언어가 결국은 다른 언어보다 많이 사용된다는 결론이 불가피하다. 영어는 이제 이 단계에 이르렀다. 영어를 제1언어로 사용하는 인구는 약 4억 명으로 추산되는데, 몇몇 국가들이 영어 사용자 통계치를 발표하지 않고 있기 때문에 이것도 대략적인 수치일 뿐이다. 영어를 제2언어로 사용하고 있는 인구도 이제는 유창성을 고려해야 하는 단계이기 때문에 추산이 쉽지 않다. 기본적인 대화 능력을 기준으로 삼는다면(비록 실수에서 자유롭지 못하고, 전문 용어를 거의 사용하지 않지만 충분히 의사를 전달할 수 있는 단계), 아마 그 수도 4억 정도 될 것이다. 수치가 나타내고 있는 중요성을 간과해서는 안 된다. 영어를 모국어로 사용하는 인구와 제2언어로 사용하는 사람들의 수가 거의 같아졌다는 뜻이기 때문이다. 영어를 제2언어로 사용하는 지역의 인구 성장률은 영어를 모국어로 사용하는 지역의 세 배에 가깝기 때문에 제2언어로 사용하는 인구는 곧 모국어로 사용하는 인구를 크게 추월할 것이다. 국제적인 언어로서는 전례 없는 상황이 벌어진 것이다. 만일 영어를 외국어로 사용하는 지역의 인구까지 가산한다면 이러한 비교는 더욱 극적인 양상을 띨 것이다. 이 역시 대략적인 수치일 뿐인데, 사실 중국에서 영어를 배우는 인구가 몇 명이나 되는지 누가 알 수 있단 말인가. 하지만 영국문화협회는 어느 시점을 기준으로 하든 전 세계적으로 약 10억 정도가 영어를 배우고 있다고 추산했다. 순수한 초보자를 제외하면 이들 중 2/3인 6억 정도가 영어로 어느 정도의 대화가 가능한 영어 학습자로 간주될 수 있다.

이제 이 세 가지 범주(영어를 모국어로 사용하는 4억, 영어를 제2언어로 사용하는 약 4억, 영어를 외국어로 사용하는 약 6억에 해당하는)의 인구를 합산하면 모두 14억이 된다. 이는 지구촌 전체 인구의 약 1/4에 해당한다(세계 인구는 2000년에 60억을 넘어섰다). 수적으로나 지리적으로 그처럼 광범위하게 사용되는 언어는 없다. 심지어 여덟 개의 다른 언어를 사용하고 있지만 한 가지 문자 체계로 통일되어 있는 중국도 인구가 약 11억에 불과하며, 이들 중 대부분은 몇몇 지역에서만 모국어 사용자들이다.

물론 이 사실이 과대평가되어서는 안 된다. 만일 전 세계 인구
의 1/4이 영어를 사용한다면, 나머지 3/4은 사용하지 않는다
는 뜻이다. 우리는 이 현실을 깨닫기 위해 한 나라의 관광 명
소, 공항, 호텔, 레스토랑에서 멀리 떨어진 벽지까지 여행할 필
요는 없다. 하지만 그렇다 하더라도 1/4이란 대단한 숫자이다.
우리는 '왜?'라고 물어야 한다. 중요한 것은 숫자의 합계라기
보다는 오히려 1950년대 이후부터 나타나고 있는 확장의 속도
이다. 이 현상을 무엇으로 설명할 수 있을까?

　분명한 한 요소는 물론 공통 언어 혹은 공용어에 대한 필
요이며, 그 개념은 아마도 언어 자체만큼이나 깊은 역사를 자
랑할 것이다. 그러나 전 세계인이 사용할 수 있는 공용어가 필
요할 것이라는 전망이 분명해진 것은 20세기 이후, 더 구체적
으로 1950년대 이후이다. 정치적 논의의 장인 유엔의 역사도
불과 1945년부터 시작되었다. 당시에는 회원국도 51개국에 불
과했다. 1960년대에 이르러 회원국은 80개국으로 늘었다. 그
러나 이후 10년 동안 신생 독립 국가의 수가 승가하기 시작했
고, 이 추세는 1990년대까지 꾸준히 이어졌다. 2003년에는 유엔
회원국 수가 191개국으로, 50년 전보다 네 배 증가한 규모를 자
랑하게 되었다. 공용어에 대한 필요는 분명했고, 따라서 하나
의 공용어에 대한 압력도 점증했다. 통일된 공용어는 비용이
많이 들고 비실용적인 여러 언어의 번역 관행에 대한 대안이
었다.

과거

그렇다면 왜 영어인가? 영어가 본질적으로 대단한 언어이기 때문에 보편화된 것은 물론 아니다. 영어의 발음은 다른 언어들과 비교할 때 간단하지 않고, 문법도 마찬가지다. 형태학적으로 부족한 부분(격과 성에서)을 구문론(어휘의 연결 방식)으로 벌충하고 있다. 또 철자법도 일관성이 부족하다. 한 언어가 세계어가 되는 데는 한 가지 이유만이 있는 것이 아니며, 그 언어를 사용하는 국가의 힘 또한 무시할 수 없을 것이다. 그러나 정치적(군사적) 영향력, 기술력, 경제력, 문화 권력 등 힘에도 여러 종류가 있다. 이런 힘들이 각기 다른 시기에 영어의 성장에 영향을 미쳤다. 정치적 영향력은 식민지 시대 초기에 등장해 16세기부터 영어를 세계 각지로 퍼뜨렸고, 19세기에 이르러서 영어는 "해가 지지 않는 언어"가 되었다. 기술력은 18세기와 19세기의 산업 혁명과 관련이 깊다. 산업 혁명을 이끌었던 과학자와 기술 전문가들의 절반이 영어를 통해 소통했고, 신기술을 배우기 위해 영국(후에는 미국)으로 갔던 사람들도 역시 영어로 의사전달을 할 수밖에 없었다. 19세기에는 미국 경제가 강성해져 곧 영국을 앞지르게 되었고, 인구도 크게 늘어 영어 사용 인구 증가에 한몫을 했다. 이 점은 이미 1898년에 비스마르크가 인정한 바 있다. 그는 한 기자가 현대사를 결정할 중요한 요인이 무엇이냐고 묻자 이렇게 대답했다. "북미 지역이 영어를 사용하고 있다는 것입니다."[3] 20세기에 우리는 제4의 힘, 즉 문화 권력이 미국이 주도하는 분야를 통해 사실상 모든 계층의 사람들에게 힘을 발휘하고 있음을 목도했다.

이렇게 각기 다른 힘이 발현한 결과로서, 영어가 절대적 힘을 발휘하는 열 가지 분야를 선정하는 것이 가능해졌다.

정치

"왜 세계 영어인가?"라는 질문에 대해 대부분의 20세기 이전의 논평가들은 단일한 정치적 답을 제시하는 데 어려움을 겪지 않았을 것이다. 그들은 대영제국의 번영을 지적하였을 것이다. 대영제국의 유산은 다음 세기까지 이어지고 있다. 국제연맹은 최초의 현대적이고 세계적인 국가 연합이 되었고, 그 과정에서 영어에 특별한 자리를 마련해 주었다. 영어는 프랑스어와 함께 공식어의 자리를 차지했으며, 모든 문서들은 영어와 프랑스어로 쓰여졌다. 앞서 언급한 유엔이 국제연맹의 자리를 대신했다. 그러나 영어는 이제 대부분의 주요 정치 회합에서 공식적인, 실질적인 역할을 하고 있다. 영어가 어느 정도 사용되고 있는지에 대한 조사는 많지 않다. 최근 발행된 『국제협회연합 연감*Union of International Association's Yearbook*』에 따르면, 전 세계 국제기구의 수는 12,500여 개에 달하고, 표본 자료를 보면 그중 85퍼센트의 기구들이 영어를 공식어로 사용하는 것으로 나타났다. 타의 추종을 불허하는 수준이다.

유일하게 비교가 가능한 프랑스어는 49퍼센트의 기구들이 공식어로 사용하고 있다.

국제 정치는 여러 층위에서 이루어지고 그 방식도 다양하다. 그러나 그 어떤 무대에서도 영어의 존재는 가까이 느껴진다. 정치적 항의가 정부 각료에 대한 공식적인 질문으로, 대사관 바깥의 평화적인 로비로, 거리 소요나 폭탄 공격의 형태로 나타날 수 있다. 텔레비전 카메라가 이 사건을 세계 시청자들에게 전할 때, 현장 모습과 함께 현수막이나 플래카드에 적힌 영어 메시지가 얼마나 자주 등장하는지 주목할 만하다. 시위자들의 모국어에 관계없이 그 메시지가 영어를 매개로 표현되었을 때 최대의 파급 효과를 불러올 수 있음을 그들은 알고 있다. 몇 년 전 인도에서 있었던 유명한 일화를 소개하겠다. 당시 시위대는 힌디어를 지지하고 영어 사용에 반대하는 행진을 하고 있었고, 그들이 들고 있는 현수막에는 힌디어 문구가 적혀 있었다. 그러나 영리한 한 참가자가 시위대의 메시지를 전 세계 더 많은 사람들에게 전할 수 있는 특별한 현수막을 들고 있었다. 그의 메시지는 영어로 적혀 있었다. "Death to English (영어에게 죽음을)."

경제

19세기 초에 영국은 세계 최고의 산업국이자 무역국이었다. 1700년에 500만이었던 인구는 1800년에는 두 배가 되었다.

100년 동안 매년 국민총생산 2퍼센트 증가와 함께, 어느 나라도 흉내 내기 힘든 경제 성장을 거듭하였다. 1800년 무렵 괄목할 만한 성장을 보였던 섬유와 광업 부문은 수출용 공산품을 생산해 내면서 영국을 "세계의 공장"으로 불리게 했다. 증기 기술은 인쇄술의 혁신을 가져왔고, 이는 영어 저작물의 유례없는 대량 생산으로 이어졌다. 19세기 초에는 독일과 영국, 미국을 중심으로 국제적인 은행 시스템이 빠르게 성장한 시기였고, 런던과 뉴욕에 투자 자금이 몰렸다. 1914년, 영국과 미국이 해외에 투자한 자금은 총 100억 달러가 넘었다. 이는 프랑스의 세 배, 독일의 네 배에 달하는 수준이었다. "경제적 제국주의"로 인해 언어적 균형에도 새로운 양상이 나타났다. "돈이면 다 된다Money talks"는 가장 잘 알려진 은유였으며, 그리고 "그것을 가능하게 해주는" 언어는 바로 영어였다.

언론

영어는 400여 년 동안 언론의 중요 전파 수단이었다. 19세기는 인쇄술의 도입과 대량 생산, 대중교통의 발전 덕분에 놀라운 진보를 목도했다. 진정한 의미에서 독립된 언론도 미국을 중심으로 싹을 틔웠다. 미국에서는 1850년에 약 400개의 일간지가 발행되었고, 세기의 전환기에는 그 수가 2,000여 개로 급증했다. 유럽 대륙에서는 20세기 초까지 검열과 각종 규제들이 있었는데, 이는 다시 말해 영어 외에 다른 언어로 된 뉴스의 규정과 제도가 매우 느리게 발전했다는 의미가 될 수도 있다. 오늘날, 전 세계 신문의 약 1/3은 영어가 특별한 위치를 점하고 있는 국가에서 발행되고 있으며, 이 신문의 대부분은 영어로 쓰여 있다.

대중 언론에서 영어가 발휘하는 힘은 뉴스 수집 기술의 발전으로 더욱 강화되었다. 19세기 중반, 특히 전신 기술의 발명으로 굵직한 뉴스 통신사들이 성장했다. 파울 율리어스 로이터Paul Julius Reuter는 아헨에 사무실을 열었지만 곧 런던으로 이전했고, 1851년에 그의 이름을 딴 통신사를 만들었다. 1870년 로이터는 유럽 대륙에서 가장 많은 지역 뉴스 독점권을 가진 통신사로 거듭났다. 1856년에 뉴욕 연합통신New York Associated Press이 탄생했으며, 대부분의 기사는 전신을 통해 영어로 전송되었다.

광고

19세기 말에 이르러 사회적, 경제적 요소들이 대중을 대상으로 한 광고의 극적인 증가를 불러왔고, 그 현상은 산업화가 진행된 국가일수록 명백했다. 대량 생산이 상품 유입을 늘렸고 경쟁을 유발했다. 소비자 구매력도 증가했으며, 인쇄술의 발전은 새로운 표현 가능성을 약속했다. 미국 출판업자들은 광고 수익이 잡지의 판매가를 낮추어 발행 부수를 엄청나게 늘릴 수 있음을 깨달았다. 신문의 2/3가, 특히 미국에서는 대다수의 신문사들이 광고 유치에 골몰하였다. 19세기에는 유명 "상표"들이 그러하듯 광고 슬로건이 매체의 특징이 되었다. "광고료를 지불한다It pays to advertisement"는 말 자체가 1920년대 미국의 유명 슬로건이 되었다. 이제는 누구나 알고 있는 포드, 코카콜라, 코닥, 켈로그 등의 숱한 상품들이 당시 많은 광고를 했다. 언론은 새로운 교통수단을 이용해 빠르게 이동하는 사람들에게도 상품을 소개할 수 있게 간결함을 이용하였다. 포스터나 광고판, 전광판, 상점 간판을 비롯한 다양한 광고들이 도처에 넘쳐나게 되었다. 세계 시장이 성장하면서 이 "옥외 매체"는 더 넓은 세상으로 퍼져 나가기 시작했다. 거의 모든 마을과 도시에서 볼 수 있는 이 광고들은 영어의 광범위한 사용을 입증하였다. 영어 광고는 영어가 특별한 위치에 있지 않은 많은 국가에서 유달리 많이 보이는 것은 아니지만, 가장 많이 눈에 띈다는 사실은 부인할 수 없다. 미국 영어가 전파되기 시작했다. 1972년경에는, 전 세계 유명 광고 회사 서른 곳 가운데 미국인의 소유가 아닌 곳은 단 세 개뿐이었나.

방송

라디오파 신호를 공중으로 쏘아 보낼 수 있기까지, 특히 영국과 미국에서 물리학의 실험 연구에 수십 년이 소요되었다. 1895년 마르코니는 전신 신호를 1마일 너머로 타전하는 데 성공했다. 6년 뒤 그 무선 신호는 대서양을 건너는 데 성공했고,

1918년에는 호주에 당도했다. 영어는 그 무선 신호에 처음으로 사용된 언어였다. 마르코니의 첫 무선 전신 성공 이후 25년 만에 공중파 방송이 현실화되었다. 첫 민영 라디오 방송국이 펜실베이니아 주의 피츠버그에 세워졌고, 1920년 11월 첫 방송이 전파를 탔다. 그 후 2년 만에 미국에서만 500여 개의 방송국이 인가를 얻었다. 이와 같은 극적인 확장은 20년 후 텔레비전 방송국이 도래하였을 때도 그대로 적용되었다. 언론의 발달이 영어의 세력 확장에 어떤 영향을 주었는지 우리는 단지 추측만 할 수 있을 뿐이다. 전 세계적으로 영어로 제작된 프로그램이 차지하는 비중이 어느 정도인지, 혹은 영어 방송을 청취하는 비율이 어느 정도인지에 대해서는 통계 수치가 없다. 하지만 BBC 월드 서비스나 미국의 소리Voice of America와 같이 외국의 청취자들을 겨냥한 방송을 살펴보면 그 수치가 상당히 높은 수준에 이르렀음을 알 수 있다. BBC 월드 서비스는 주당 천 시간 이상이 편성되어 있고, 미국의 소리는 그 두 배이다. 전후 얼마 동안 대부분의 국가에서 외국어 방송 편성 시간은 큰 증가세를 보였고, 소련 연방, 이탈리아, 일본, 룩셈부르크, 네덜란드, 스웨덴, 독일 등지에서는 영어 라디오 방송이 시작되었다. 얼마나 많은 사람들이 각국의 방송을 통해 흘러나오는 외국어를 들었는지에 대한 비교 분석 자료는 발표된 것이 없다. 그러나 각국 방송국에서 내보내고 있는 언어의 리스트를 본다면 이들 중 하나의 언어가 모든 리스트를 통틀어 두드러지게 많음을 알게 될 것이다. 그것은 바로 영어다.

영화

전기의 발견으로 이루어진 신기술은 가정과 대중오락의 본질을 근본적으로 바꾸어 놓았고, 영어의 발달에 새로운 방향을 제시했다. 영상 기술은 많은 부분이 19세기의 유럽과 미국에 근간을 두고 있고, 영국과 프랑스는 1895년 이후 영화의 예술적, 상업적 발달에 초기 원동력을 제공했다. 그러나 제1차 세계대전을 전후로 유럽의 영화 산업은 교착 상태에 빠졌으며, 지배력은 미국으로 넘어갔다. 1915년 첫 장편 영화가 미국에서 제작되었고, 할리우드를 기반으로 스타 시스템과 영화 산업의 큰손들, 대규모 스튜디오들이 출현했다. 그 결과, 1920년대 후반에 영화 기술에 사운드가 더해지면서, 영어는 전면으로 부상해 영화 왕국을 지배했다. 이후 다른 나라에서도 영화 산업이 성장했지만 할리우드가 대규모 관객 동원을 목적으로 한 소수의 영화에 의지하면서, 영어는 주된 위치를 고수했다. 영어 이외의 언어로 만들어진 영화가 대 히트작이 되길 기대하는 것은 특별한 일이 되었고, 극장 개봉작의 80퍼센트는 영어로 제작되었다. 영화가 관람객에게 미치는 영향을 확실히 규정하기는 힘들지만, 대부분은 빔 벤더스Wim Wenders 감독의 말에 동의할 것이다. "사람들은 그들이 보는 것을 믿고, 그들이 믿는 것을 산다… 사람들은 그들이 영화에서 본 것을 쓰고, 운전하고, 입고, 먹고, 구매한다."[4] 만일 그렇다면 대부분의 영화가 영어로 제작된다는 사실은 대단히 큰 의미를 지닐 수

밖에 없다. 최소한 장기적인 관점에서는 말이다.

대중음악

영화는 19세기 말에 등장한 두 개의 새로운 엔터테인먼트 기술 중 하나이다. 나머지 하나는 녹음 기술이다. 여기서도 영어의 역할은 초기 단계에서부터 눈에 띈다. 1877년 토머스 에디슨Thomas A. Edison이 축음기를 발명했다. 소리를 녹음하고 재생할 수 있는 최초의 도구였다. 가장 먼저 녹음된 것은 〈하느님은 무엇으로 사시는가What God hath wrought〉였고, 이어 어린이 동요 〈메리에게는 어린 양이 한 마리 있네Mary has a little lamb〉가 녹음되었다. 미국에서 관련 기술의 발전도 뒤따랐다. 대중음악계의 주요 음반사들은 1898년에 문을 연 미국의 컬럼비아 사를 시작으로 그 뿌리를 모두 영어에 두고 있다. 전 세계 라디오 방송국들은 매시간 대중음악의 영어 지배 현상을 입증해 주고 있다. 많은 사람들은 대중음악을 통해서 영어와 첫 접촉을 하게 된다. 19세기 말, 틴팬앨리Tin Pan Alley(브로드웨이에 거점을 둔 음악 제작 산업에 대한 대중적 호칭)는 하나의 현실이었고, 곧 미국 대중음악의 주요 자원으로 전 세계에 알려지게 되었다. 재즈 역시 블루스를 비롯한 다른 많은 장르들과 함께 언어적 영역을 가지고 있다. 그리고 현대 대중음악이 탄생했을 무렵, 재즈는 완전히 영어의 무대가 되었다. 주요 영어 사용 국가 두 곳의 팝 스타들은 곧 음반 업계를 지배하게 되었다. 미국의 빌 헤일리와 코밋츠Bill Haley and the Comets와 엘비스 프레슬리Elvis Presley, 영국의 비틀즈Beatles와 롤링스톤즈Rolling Stones 등이다. 1960년대부터는 인기 가수를 보려고 구름처럼 몰려든 팬들의 모습이 일상적인 것이 되었다. 그 어떤 것도 전 세계 젊은이들에게 그처럼 빠르고 강력하게 영어를 전파한 수단은 없었다.

해외 여행과 안전 수칙

해외 여행의 이유는 많고도 다양하다. 각 여행은 즉각적인 언어적 결과를 낳는다. 언어는 통역되고, 학습되고, 강요된다. 그리고 시간이 흐를수록 여행의 트렌드도 주요 영향력으로 부각된다. 만일 영어 사용 지역으로의 집중 현상이 있다면, 그것은 여행 분야에서 특별히 부각될 것이며, 현실도 그러하다. 패키지여행package holidays이나 업무 회의, 학술회의, 국제적 회합, 공동체 모임, 스포츠 경기, 군사적 점령, 기타 공식적인 회합을 통해 해외 여행을 경험하는 사람들에게 교통과 숙박은 보조적 언어인 영어를 통해 중개된다. 국제선 항공기와 선박의 안전 수칙, 호텔의 비상사태와 관련된 정보, 주요 위치에 대한 안내 등도 지역 언어와 함께 영어 번역문이 으레 등장한다. 안전벨트 착용이나 구명보트의 위치 확인, 비상계단 확인 등의 모든 지시 사항들은 영어로도 이해가 가능하다.

  안전 수칙이 가진 특별한 점 때문에 국제 교통, 특히 해상과 항공 운항의 조정 수단으로 영어가 쓰이게 되었다. 영어는 이른바 "씨스피크Seaspeak"라고 불리는 필수 국제 해사 영어의 형식으로 바다의 공용어로 부상했다. 최근, 특히 소방서, 앰뷸런스, 경찰 등을 비롯해 지상에서 일어나는 비상사태를 전담하는 기구들 간의 명확한 의사소통 시스템을 마련하는 과정에서도 변화는 이어졌다. 현재 채널 터널[영국과 프랑스를 연결하는 해저 터널: 옮긴이] 양 끝에서 당사자들 간의 명확한 의사소통을 위해 "이머전시스피크Emergencyspeak"가 사용되고 있다. 물론 국제 항공 교통을 지배하는 "에어스피크Airspeak"도 빠트릴 수 없다. 이들은 모두 제2차 세계대전 이후에 생겨났는데, 국제민간항공기구가 발족되고, 영어가 국제 항공 언어로 인정된 시점이다. 그 이전까지 조종사와 관제탑은 서로 다른 언어를 사용했다. 무려 180여 개국이 영어로 된 전문 용어 사용 권고안을 받아들였는데, 여기에는 전혀 강제성이 없었다는 점을 주목해 주기 바란다.

교육

영어는 엄청난 전 세계 지식 — 특히 과학 기술 분야에서 — 의 매개체이다. 지식의 획득은 교육을 통해 이루어진다. 최근 들어 많은 국가들이 영어를 공식어나 제1외국어로 사용하게 된 이유를 살펴본다면 그 핵심에는 역시 넓은 의미에서 교육적인 이유가 존재한다. 1996년 스리다트 람팔Sridath Ramphal이

쓴 다음의 글은 좋은 설명이 될 것이다.

> 1975년 내가 영연방 사무총장에 취임한 직후, 콜롬보에서 시리마보 반다라나이케 수상을 만나 스리랑카를 도울 방법에 대해서 논의했다. 그녀의 대답은 즉각적이고 구체적이었다. "교사들을 훈련시켜 외국어로 영어를 교육할 수 있도록 전문가들을 보내주세요." 내가 놀라는 모습을 보더니 수상은 설명을 덧붙였다. 그녀의 남편이 20년 전 시작했던 신할라어 공용화 정책이 너무 성공을 거두어 스리랑카(아시아의 영어 사용 중심지) 국민들이 영어를 잊고 있고(물론 최고의 교육을 받은 엘리트들은 제외), 제1외국어로서의 입지조차 흔들리고 있다는 것이었다. 농부들은 수입된 비료 포장지에 적힌 사용 설명서를 읽지 못하지만, 세계적인 비료 제조업자들이 신할라어로 설명서를 만들기는 힘들었다. 스리랑카는 세계어인 영어를 잃고 있었다.[5]

1960년대부터 많은 국가에서(영어를 공식어화하지 않은 일부 국가들을 포함해) 영어는 고등 교육을 상징하는 표준 도구가 되었다. 아프리카 각국에서도 고등 교육을 받은 엘리트들은 토착어를 사용하지 않으며, 대부분의 상황에서 영어를 사용한다. 지난 30년간 전 세계 각지에서 영어 교육(ELT) 사업은 주요 성장 산업으로 부상했다.

통신

한 언어가 진정한 국제적 소통 도구라면, 그 사실은 우편, 전화 시스템과 전자 통신과 같은 소통의 임무와 직접적으로 연관된 서비스에서 가장 분명하게 드러날 것이다. 그러나 이 분야에서 영어 사용에 관한 정보를 얻기는 쉽지 않다. 대략 전세계 우편의 3/4이 영어로 작성되었을 것으로 추정된다. 그러나 편지에 어떤 언어를 사용하는지 조사하는 주체는 없으며, 이와 같은 통계는 너무도 이론적이다. 메시지와 자료들이 일정 기간 보관되는 인터넷에서만 매일 어느 정도의 소통이(최소한 컴퓨터 사용자들 간에) 영어로 이루어지는지 측정 가능하다. 이 내용은 제3장에서 따로 다루어질 것이지만, 여기서 관련된 요점 몇 가지를 짚고 넘어가고자 한다. 인터넷은 영어 사용 매체로서 시작되었고, 영어의 지배력은 확고히 지켜지고 있다. 인터넷은 1960년대 후반에 알파넷Arpanet(Advanced Research Projects Agency network)이라는 이름으로 시작되었는데, 국가 전산망의 분산 개념으로 이해되었다. 주요 전쟁과 같은 사건으로 전산망이 일부 소실되더라도 정부 기관이 중요한 미국의 학술적 지식에 지속적으로 접속할 수 있도록 한다는 목적을 가지고 있었다. 사용 언어는 당연히 영어였고, 만일 다른 국가에서 접속을 시도하려면 그들도 영어를 사용해야 했다. 1980년대에 들어서면서 알파넷 서비스가 민간인과 (앞서 기술한 이유로) 이미 영어로 소통하고 있던 영리 조직들에게 문을 열면서 영어의 지배력은 더욱 공고해졌다. 여기에는 기술적인 이유도 있었다. 알파넷에서 데이터를 전송하기 위해 고안된 최초의 프로토콜은 영어 알파벳을 위해 만들어진 것이었다. 심지어 오늘날에도 다국어 데이터 표시의 모든 사안을 처리할 수 있는 브라우저는 없다. 그러나 인터넷 상에서 영어 비사용자들의 수는 계속 늘고 있으며, 신규 사용자의 경우 영어 사용자들의 수를 능가하고 있다. 군소 언어 인터넷 사용자들의 증가에 대해서는 3장에서 자세히 다룰 것이다.

미래

하나의 언어가 세계어가 되는 것은 언제이며, 어떤 일들이 일어나게 되는 것인가. 그 결과, 기타 언어들은 어떻게 되는가? 이것은 전례가 없는 일이다. 지금까지 그 어떤 언어도 이토록 많은 나라에서, 이토록 많은 사람들에게 사용되어 본 일이 없기 때문이다. 하지만 몇몇 주목할 만한 트렌드들이 이미 나타나고 있다. 그리고 이것들은 21세기 새로운 언어적 지도를 형성하는 데 중요한 역할을 하게 될 것이다.

그러나 영어의 현실을 좀 더 자세히 살펴보기 전에 우리는 다음의 질문을 던져야 한다. 영어는 지금의 위치를 계속 유지할 것인가, 아니면 다른 언어에 의해 범세계적인 지배력을 도전 받게 될 것인가? 역사는 언어의 지위와 관련해서는 그 어떤 자기만족의 여지도 없다는 교훈을 일깨워 준다. 약 천 년 전, 라틴어의 입지는 난공불락이었다. 천 년 후 언어의 모습을 누가 상상할 수 있겠는가? 이미 살펴보았듯이, 언어의 지위는 정치적, 군사적, 경제적, 문화적 힘과 직접적으로 연관되어 있고, 이러한 변수에 변화가 오면 언어도 흥망성쇠의 과정을 겪게 된다. 미래학자들은 예를 들어 아랍어나 중국어, 스페인어가 차기 세계어가 될 수 있다는 시나리오를 어렵지 않게 만들어 낼 수 있다. 사실, 스페인어는 모국어 사용자 수로 볼 때 세계적으로 가장 빠른 속도로 성장하는 언어이기도 하다. 그러나 당분간 다른 언어가 영어를 대체해 세계 공용어의 역할을 한다는 것은 상상하기 힘들다. 영어를 현재의 위치로 끌어올린 여러 변수들은 아직도 건재하다. 영어는 이제 추월하기 힘든 존재감과 힘을 획득했다. 전 세계적으로 영어를 배우는 사람들의 수는 계속 늘고 있다. 영어 사용 문화권에 대한 의견에 관계없이, 기능적 도구로서 영어는 폭넓게 인정되고 있다. 영어 사용에 가장 반기를 드는 사람들조차 그들의 반대 의사를 전 세계에 널리 알리기 위해서는 영어를 사용할 수밖에 없는 상황에 직면해 있다. 영어의 입지가 약해지는 징후는 21세기가 시작된 이후 첫 10년이 흐르는 동안 어디에서도 나타나지 않았다.

영어의 세계적 입지가 비교적 안정적이라고 할 수 있지만, 그 언어적 특성은 분명 그렇지 못하다. 사실 영어는 최근 들어

르네상스 이후 그 어떤 시기보다 빠른 변화를 경험하고 있다. 여기에는 몇 가지 요소가 개입되지만, 가장 중요한 것은 의심할 여지 없이 영어의 중심 변화라고 할 수 있다. 이 점은 특히 영어 원어민들에 의해 간과되는 경향이 있는데, 즉 대다수 사람에 의해 사용되는 언어는 더 이상 특정 헌법 공동체에서 소유하기 힘들다는 점이다. 약 1,500년 전 영어가 태동됐던 영국도, 현재 가장 대규모 영어 모국어 집단인 미국도 마찬가지다. 영어를 모국어로 사용하고 있는 인구는 앞에서 살펴보았듯이 4억 정도이고, 사실상 전 세계 영어 사용자 가운데 그 비중은 줄고 있다. 영어 모국어 사용자와 영어를 제2언어, 혹은 외국어로 사용하는 집단의 인구 증가율에 차이가 있기 때문이다. 현재 영어 사용자의 3/4은 원어민이 아니다.

　모든 사용자들은 영어의 미래에서 각각의 몫을 가진다. 언어는 광범위하게 민주화된 체계이다. 우리는 하나의 언어를 배움과 동시에 그 언어 안에서 권리를 갖게 된다. 사용자는 덧붙이고, 수정하고, 유희하며, 그 안에서 창조하고, 특정 부분을 묵살하기도 한다. 영어의 미래는 모국어 사용자들만큼이나 제2언어나 외국어로 사용하는 사람들에 의해 큰 영향을 받게 된다는 것이다. 다른 어느 분야와 마찬가지로 언어도 시류에 민감하며, 시류는 숫자로 나타낼 수 있다. 영어의 언어적 시류가 제2언어 혹은 외국어로 사용하는 집단, 혹은 원어민들이 이해할 수 있는 정도의 비표준 영어 사용자 집단에 의해 시작될 가능성은 충분하다. 최근의 예로 랩을 들 수 있다. 사용자 수가 늘어나고, 제2언어로서 혹은 외국어로서 영어를 사용하는 인구가 국가적 · 국제적 세력을 얻게 되면, 지금까지 "이질적인" 것으로 간주되었던 표현들(*three person, he be running, many informations*)이 곳에 따라서는 표준어로 인정받고, 결국은 문서상에도 나타나게 될 것이다. 한 예로, *Welcome in Egypt*라는 표현은 현지에서 널리 사용되고 있으며, 그곳 영어 교과서에도 실려 있다. 21세기 영어 원어민들이 익숙해져야 할 가장 중요한 점은 더 이상 그들이 언어적 트렌드를 책임질 필요가 없다는 것이다. 영국에서 사용되는 영어는 전 세계 영어 사용 인구 중에서 사용자가 4퍼센트에 불과한 군소 방언에 지나지 않는다. 미국의 영어 사용자 수도 전체의 15퍼센트이다. 현재 인도의 영어 사용자 수는 영국과 미국 내의 영어 사용자를 합한 것보다 많을 것이다.

한 국가에서 많은 수의 사람들이 영어를 받아들일 경우 어떤 일이 일어날까? 그들은 영어를 실정에 맞게 변화시킬 것이다. 현재 여러 종류의 구어 영어가 인도, 싱가포르, 가나를 비롯한 세계 곳곳에서 탄생하고 있다. 이들은 "신종 영어"로 불린다. 왜 이런 현상이 일어나는 것일까? 국가적 정체성 표현에 대한 필요성 때문이다. 1950, 60년대 신생 독립국들을 생각해 보라. 새로이 쟁취한 독립과 함께 세계인들 앞에 정체성을 표명해야 한다는 압박감을 갖게 되는데, 정체성을 나타내는 가장 중요한 도구는 언어이다. 그렇다면 어떤 언어를 사용하겠는가? 가나, 나이지리아를 비롯한 많은 국가들은 영어를 계속 사용하는 것 외에 대안이 없음을 알게 되었다. 영어가 아니면, 나이지리아의 경우에는 400여 개에 달하는 토착어 가운데 하나를 정하는 불가능한 선택을 해야 한다. 그러나 식민지의 역사를 고려할 때 영어의 계속된 사용은 용납할 수 없는 일이라는 광범위한 인식이 도사리고 있다. 그렇다면 이 딜레마를 어떻게 풀어야 할까? 독립국은 영어를 계속 사용하되, 특히 토착 어휘를 첨가하고, 자국의 문화적 특성을 강조하며, 새로운 발음 형식을 발전시키는 등 그들만의 목적에 부합하도록 변용하여 사용한다는 해결책이 나올 수 있다. 이것은 물론 대단히 무의식적인 과정이지만, 현지에서의 사전 자료 조사 등 자국 정부의 주도로 시작될 수 있는 일이다. 폭넓은 동물군과 식물군, 다양한 전통과 풍습 등을 지니면서 주기적으로 타 언어들과 접촉하는 국가라면, 빠른 시간 안에 수천 개의 고유어를 축적하는 것은 어려운 일이 아니다. 영연방 국가들의 새로운 문학 작품들(서아프리카, 인도와 동남아시아의 소설, 카리브 해 지역의 시)은 그들의 정체성이 얼마나 빨리 만들어질 수 있는지를 보여 준다. "신종 영어"라는 용어는 바로 이러한 정체성을 반영한다.

한 언어가 확장될 때 그것은 변화한다. 세계 각 지역은 물질적으로나 문화적으로 너무나 다르다는 단순한 사실은 언어 사용자들이 그들의 소통 욕구에 부응하고 새로운 정체성을 획득하기 위해 언어를 변화시킬 수많은 기회를 가지고 있음을 의미한다. 어휘에서 엄청난 변화가 일어난다. 여기에는 신조어뿐만 아니라 새로운 의미의 추가, 새로운 관용적 표현의 생성까지 포함되는데, 생활 여건과 사고방식이 가장 밀접하게 반영되는 부분이기 때문이다. 한 국가의 생물 지리학적 고유성이 존재하는데, 그로 인해 잠재적으로 동물, 어류, 조류, 식물, 바위 등에 관한 어휘들이 많이 만들어질 것이다. 또한 영토의 관리나 해석과 관련된 사안도 새로운 어휘의 자료가 된다. 음식, 음료수, 의약품, 약제, 식생활 관련 습관, 건강관리, 질병, 죽음에 대한 표현들도 생겨날 것이다. 개성, 신념, 의식 등을 표현하기 위해 신화, 종교, 천문학이나 점성술에 관련된 전통들도 새로운 이름을 갖게 된다. 구전이나 기록 문학도 전설, 시, 미사여구, 설화 등의 분명한 이름을 갖게 된다. 현지어로 표현되는 법체계와 관습도 있을 것이다. 각 문화는 자신만의 과학 기술을 보유할 것이고, 이것은 자동차, 주택-건축, 무기, 의복, 장신구, 악기와 같은 기술적인 용어로 표현될 것이다. 춤 이름, 음악 형식, 놀이, 스포츠 등의 레저와 예술도 언어적 영역을 보유하게 된다. 머리 모양, 문신, 장식물 등과 같은 신체적 특징도 마찬가지다. 사실, 지방 정부, 가족 관계, 공동체와 사회단체 등등 사회 구조의 모든 측면이 복잡한 명명 구조를 만들어 낸다.

그러므로 한 집단이 새로운 언어를 받아들이고, 그것을 삶의 모든 영역과 관련해 사용하기 시작할 때 어휘의 변화는 필연적으로 발생한다. 변화의 시작에 걸리는 시간은 고작 1년 정도다. 북미 대륙의 최초 영어 사용 정착민들은 1607년 버지니아 주, 제임스타운에 이주한 사람들이었다. 곧 원주민의 언어가 그들의 문서 속으로 도입되었다. 존 스미스John Smith 선장은 1608년 라쿤racoon에 대해 묘사했고, 1609년에는 토템totem, 또 순록caribou과 오포숨opposum에 대해서는 1610년에 언급하고 있다. 남아프리카공화국에서 1990년대에 발행된 『선데이타임즈』에는 "외교적 인다바Indaba는 문제들에 대해 단지 깔끔하게 포장된 해결책을 제시할 뿐이다"라는 기사가 실려 있는데, 인다바는 부족 회의라는 뜻의 코사어지만 현재는 그 의미가 확장되어 모든 정치적 그룹 간에 이루어지는 회의를 뜻하는 단어가 되었다. 이는 현지 원주민어에서 도입된 표현의 예이다. 게다가 일부 단어들은 새로운 상황에 적용되면서 의미가 변하기도 하고, 다른 뜻을 덧입기도 했다. 이런 사례는 언어의 역사에서 자주 발생한다. 예를 들어, 앵글로-색슨 시기에 기독교 선교사들은 이교도의 언어(예를 들어, *heaven, hell, God, Easter*)를 받아들여 새로운 의미를 부여했다. 오늘날 우리는 그것을 신흥국의 생물학적 종에 이름을 붙이는 방식에서 볼 수 있는데, 그 생물학적 종이 기존 국가의 종과 유사한 형태를 지닐 경우, 심지어 꼭 일치하는 종이 아닐 때에도 기존의 이름을 붙이는 걸 볼 수 있다. 남아프리카에서는 자고새의 일부 종들을 꿩*pheasant*이라 부른다. 사회의 모든 영역이 영향을 받는다. 남아프리카에서는 로봇*Robot*이 교통 신호등을 뜻한다.

얼마나 많은 어휘들이 이런 식으로 생겨났을까? 어휘 목록이나 사전이 수천 개의 어휘를 새로이 받아들이는 데는 그리 오랜 시간이 걸리지 않는다. 『남아프리카 영어 사전*Dictionary of South African English*』(1978) 초판에는 3,000개의 어휘가 새로 추가되었고, 『호주콘사이스사전*Concise Australian National Dictionary*』(1989)은 10,000개의 신조어를 싣고 있다. 『자메이카 영어 사전*Dictionary of Jamaican English*』(1967)[6]에는 15,000여 개의 신조어가 존재한다. 영어 사용자들은 항상 외래어에 대해 수용적인 입장을 취해 왔다. 영어는 마주치는 모든 어휘들을 빨아들일 태세를 갖춘 언어의 진공청소기이다. 영국 영어는 역사적으로 350여 개의 언어와 접촉했다. 이 때문에 영어가 역사적으로 게르만어 계통의 언어에 속한다 해도 방대한 양의 어휘는 게르만어와는 별 관련이 없다. 대부분의 어휘들은 고전어와 로망스어에 기원을 두고 있는데, 특히 그리스어, 라틴어, 프랑스어가 중요한 역할을 했다. 그리고 영어의 다양한 어휘적 특성은 다양한 언어와 접촉이 이루어지는 지역에서 특히 강해진다. 400여 가지의 원주민 언어가 존재하는 나이지리아에서는 나이지리아 영어의 궁극적인 어휘적 특징을 고려해 볼 수밖에 없다.

이미 백만 단어를 넘어서고 있는 영어의 전체 어휘와 비교하면 미미하지만, 적은 수의 현지어라도 그 영향력은 클 수 있다. 새로운 어휘들은 지역 공동체에서 자주 사용될 가능성이 높고, 분명한 이유는 그 안에서 뚜렷한 개념을 가지고 있기 때문이다. 또한 이러한 어휘들은 고립 상황에서는 사용되지 않는 경향을 보인다. 예를 들어, 만일 지역 정치에 대해 대화를 하게 된다면 몇 가지 정치 용어들이 등장하게 되는데, 이 경우 외부인들은 알아듣기 힘들다. "Blairite MP in New Labour Sleaze Trap, say Tories"라는 표현이 영국의 한 신문에 등장한 적이 있다. 영국 정치 혹은 그러한 뉘앙스를 가진 여섯 개의 단어들이 연속적으로 이어지고 있는데, 영국의 정치적 맥락에 대한 지식이 없는 사람들은 이 문장을 이해하기 힘들다. 이와 똑같은 종류의 낯선 표현의 조합들을 신종 영어가 등장하고 있는 지역에서 발견할 수 있다. 남아프리카공화국의 『선데이타임즈』의 예를 보자. 여기에 등장하는 모든 현지어들은 원래 아프리칸어[남아공의 공용 네덜란드어: 옮긴이]에 뿌리를 두고 있다. "한때 bittereinder bloedsappe였다가 이제 우월한 아프리카인 행세를 하는 일부 verkrampte 민족주의자들을 떠올리는 것은 흥미롭다"[verkrampte: 편협한, bittereinder: 쉽게 사라지지 않는, bloedsappe: 이전에 남아공당이었던 통합당의 성실한 당원].

앞으로 상황이 어떻게 전개될 것인지 예측하는 것은 쉽다. 마지막 예에서 눈에 띄는 것은 비단 아프리칸어 명사만이 아니라 형용사와 명사의 조합인 명사구이다. 그러므로 하나의 구가 그 이상으로 확장되지 못할 이유가 없다. 동사를 추가하거나, 아니면 하나의 절을 만들어 보라. 영어에서도 유사한 경우가 있는데, *Je ne sais quoi*나 *c'est la vie*처럼 프랑스어에서 한 문장 전체를 차용해 사용한다. 고유 영어의 한 부분이 차용된 표현의 일부로 포함되어 버리는 것도 다반사다. 그리고 영어가 제2언어 혹은 외국어로 사용되는 곳에서 이와 같은 과정은 대단히 빈번하게 일어난다. 상당히 수준 높은 영어를 구사하는 사람들도 하나의 단어나 구, 절에서 막히는 일이 허다하다. 혹은 영어를 공용어로 사용한다 해도, 자신들의 모국어에 더 적합한 표현을 찾아내기 마련이다. 만일 그들이 같은 모국어 배경을 가진 누군가와 대화를 나눈다면 소통의 문제를 해결하기 위해 모국어로 바꾸어 말하는 것은 쉬운 일이다. 대화를 하면서 영어에서 벗어났다가 다시 영어로 되돌아가는 과정이 짧고 지속적으로 이어질 수 있다. 같은 일이 반대 상황으로도 일어날 수 있다. 즉, 사람들이 자신들의 모국어로 대화를 시작했다가 소통이 용이하지 않으면 영어를 사용하게 되는 경우다. 이러한 경우는 컴퓨터와 같이 영어를 사용해 배울 수밖에 없는 특정 주제와 관련된 대화에서 빈번하게 일어나는데, 심지어 출산과 같은 주제도 영어로 표현될 때가 있다. 영국에 1년간 거주하는 동안 아기를 낳았던 프랑스어 사용 여성이 있었다. 그녀는 프랑스로 돌아간 후 출산 경험에 대해 이야기할 때마다 듣고 있는 친구들이 혼란스러워 하는 데에도 불구하고 영어를 사용하곤 했다. 친구들은 물론 자신들의 경험을 프랑스어로 말했다.

　사람들이 대화하는 과정에서 동시에 두 가지 이상의 언어를 사용하는 것을 **코드스위칭***code-switching*이라고 한다. 이제는 이 현상을 지구촌 곳곳에서 찾아볼 수 있게 되었고, 그 빈도도 점점 높아지고 있다. 영어가 너무도 광범위하게 확산되고 있기 때문에 대화뿐만 아니라 문서에서도 코드스위칭이 등장한다는 것은 주목할 만하다. 『영어 언어들*The English Languages*』에서 톰 매카서Tom McArthur는 2개 언어가 사용된 안내 전단을 예로 들고 있다. 이것은 1994년 홍콩은행이 필리핀 노동자들을 위해 제작한 것인데, 타글로그어[필리핀 루손섬 원주민어: 옮긴이] 전단에 많은 영어 단어가 섞여 있다.

Mg-deposito ng pera mula sa ibang HongkongBank account, at any HongkongBank ATM, using your Cash Card. Mag-transfer ng regular amount bawa't buwan(by Standing Instruction) galang sa inyong Current o Savings Account, whether the account is with HongkongBank or not.[7]

이와 같은 혼합 언어는 종종 복합 명사로 표현되는데, 위의 경우는 타글리쉬(Taglog-English)라고 할 수 있다. 이 외에도 Franglais, Tex-Mex(텍사스에서 사용되는 멕시코 스페인어), Japlish, Spanglish, Chinglish, Denglish(독일식 영어), Wenglish(웨일스식 영어) 등 많은 예가 있고, 지금까지는 주로 경멸적 뉘앙스와 함께 사용되었다. 사람들은 Tex-Mex에 대해 비웃음을 던지며 이 말도 저 말도 아니라고 폄하한다. 제대로 교육 받지 못한 사람들이 사용하는 "하층어," 혹은 영어에 지나치게 많은 영향을 받은 사람들이 사용하는 "무개념어"라는 것이다. 하지만 다가오는 세기에는 이와 같은 판단이 재고되어야 할 것이다. 세계적 규모의 은행이 사용한 타글리쉬를 하층어라 말하기는 힘들지 않을까! 언어학자들은 이와 같은 "혼합된" 언어를 분석하는 데 많은 시간을 보냈고, 그 결과 여기에도 두 가지 언어 자원을 모두 가지고 있는 사람들이 발휘하는 완벽한 복잡성과 표현의 미묘함이 존재함을 확인했다.

영어 사용 지역을 여행하다 보면 혼합어가 늘고 있음을 깨닫게 되는데, 이와 같은 현상이 어느 정도 깊이로 진행되고 있는지 확인하는 것이 중요하다. 아마도 이것은 21세기의 주요한 언어적 트렌드가 될 것이다. 코드스위칭은 이미 영어를 제2언어나 외국어로 학습한 수백만 명의 언어에서 일상적으로 발생하고 있다. 나는 웨일스에서 웨일스식 영어가 사용되는 지역에 살고 있으며, 영어와 웨일스어 간의 코드스위칭을 매일 경험하고 있다. 사실, 전 세계적으로 볼 때, 영어 사용자들이 영어 비사용자들보다 더 많은 코드스위칭을 행하고 있을 것이다. 그리고 만일 이러한 사람들이 대다수라면, 혹은 인도처럼 코드스위칭이 최소한 상당한 수의 사람들을 대변한다면, 언어를 바라보는 우리의 보수적인 시각도 바뀌어야만 한다. "미래의 세계 영어"가 영국식 영어나 미국식 영어의 단순한 확장이라고 상상한다면 확실히 잘못된 생각이다. 전통 영어도 물론 존재하겠지만, 영국, 미국 영어에서 출발해 점점 다른 모습으로 변화하고 있는 기타 영어에 의해 보완되어 나갈 것이다.

언어적 다양화(점증하는 코드믹싱의 특징을 보이는 신종 영어의 부상)의 증거는 오래 전부터 나타났다. 그러나 그 심도는 최근 들어서야 관심을 받고 있다. 그것은 우리가 보는 활자를 통해 알 수 있는 것이 아니다(소설가가 대화체에서 표현한 내용이나 신문 지면에 비공식적으로 등장하는 글들을 제외하고). 그러나 관련 국가 들을 여행할 때 이를 곧바로 경험한다(보통 소통이 원활하지 않을 경우). 우리가 누군가에게 영어로 말을 하고 그들이 대답할 때, 상대의 영어가 너무나 이질적이면 보통은 그 말을 이해하지 못한다. 하지만 아직 진짜 맛은 보지도 못했다. 전 세계적으로 상이한 모국어 배경을 가졌지만 영어를 공용어로 사용하는 부 모 아래서 많은 아이들이 태어나고 있다. 부모들의 영어는 상 당한 분량의 코드믹싱이나 비표준적 용법을 포함한다. 만일 이 부모들이, 흔히 있는 일이지만, 아이들과 자신이 쓰는 영어 로 대화를 한다면, 미래 세계 시민이 될 수백만 명의 아이들은 코드믹싱된, 비표준적인 영어를 모국어로 배우게 될 것이다. 영어를 모국어로 사용하는 것과 외국어로 사용하는 것의 차별 성은 그 의미를 잃게 될 것이다.

이러한 추세를 잘 파악하고 있다면, 다음의 결론을 피할 수 있을까? 즉, 그대로 두면, 영어는 천 년 전에 '대중 라틴어' 가 그랬던 것처럼 서로 이해할 수 없는 각기 다른 언어로 분열 될 것이라고 말이다. 많은 신생국을 탄생시켰던 지난 50년간 의 세계 정세는 분명 다음의 결론을 암시하고 있다. 영어는 일 부 신생국에서 사회정치적 정체성의 표현으로 사용되었고, 그 결과 새로운 특성을 수용하게 되었다. 그리고 진부하지만 나이지리아 영어나 싱가포르 영어 등과 같은 이름을 부여하였다. 중요한 변화가 비교적 짧은 시간(수십 년 정도) 안에 나타난다면, 이러한 다양성들은 다음 세기에 더욱 뚜렷해져서 결국 영어의 "어족"이 생겨나지 않을까? 라틴어의 경우와 비교해 볼 때 그 답은 분명해질 것이다.

라틴어의 재림?

영어와 라틴어의 상황 비교는 분명 놀라움을 불러일으킨다. 기원 후 천 년 동안 라틴어는 유럽 지식인들의 보편적 언어였다. 당시 유럽에는 몇 가지 종류의 라틴어가 존재하고 있었음을 밝혀야겠지만 말이다. 우선 고전 라틴어는 로마 제국(주로 서로마 제국) 당시 고전 문학에 사용된 라틴어다. 일상생활에서 사용되던 라틴어는 대중 라틴어로 불렸다. 심지어 기원전 100년 무렵부터 키살피네 골(갈리아) 지방에서 사용되는 라틴어에 지방 발음이 나타났다는 키케로Cicero의 언급이 기록되어 있다. 8세기 무렵, 상당한 변화의 증거가 나타났는데, 라틴어를 부르는 명칭이 달라질 정도였다. 라틴어 "lingua latina(라틴어)"는 "lingua romana(로망스어)" 혹은 "rustica romana lingua(루스티카 로망스어)"로 불리게 되었다. 분명 900년경, 갈리아 구어체로 쓰여진 최초의 문서가 작성되었을 무렵부터는 더 이상 라틴어가 아니라 고대 프랑스어에 대해 논의해야 할 것이다. 그리고 그 무렵 새로운 종류의 로망스어가 등장하기 시작했다.

당시 라틴어가 직면했던 상황은 지금의 영어가 직면한 상황과 흡사하다. 한편 문어체의 고전 라틴어는 영향력을 잘 유지해 서구 문명 사회에서 표준화된 방식으로 교육되었다. 반면, 포르투갈, 스페인, 프랑스, 이탈리아, 루마니아에서는 대중 라틴어를 사용하는 공동체 간에 상호 이해도가 떨어졌다는 뚜렷한 근거가 있고, 다른 곳에서도 집단 간 언어 이질성이 높아진 것으로 보인다. 당시의 현상을 감안한다면 라틴어의 미래에 대한 의구심도 있었을 것이다. 라틴어는 완전히 파편화되고 말 것인가? 아니면 세계 공용어로 남을 것인가? 수천 년이 흐른 뒤에도 표준 라틴어를 공부하게 될 것인가? 천 년이 흘렀고, 이제 우리는 그 해답을 알고 있다. 각종 라틴어의 표준 형식들은 이제 서로 이해되지 않는다. 표준 라틴어는 아직도 사용되고 있지만 가톨릭교회와 관련된 소수의 성직자와 학자들에 국한된다. 대학이나 학파의 강직한 고전주의 집단이라면 라틴어 교육의 전통을 잇고자 노력하지만, 그것이 쉽지 않음을 알게 될 것이다. 라틴어는 그 의도나 목적을 고려할 때 이제는 죽은 언어라고밖에 할 수 없다. 하지만 그 파생어들은 아직도 건재한 생명력을 유지하고 있다.

이 시나리오가 영어에도 해당될까? 물론, 눈여겨볼 만한 유사점들이 있다. 영어는 현대 세계에 넓게 퍼져 있고, 확장시기는 라틴어가 번성하던 시간적 틀과 크게 다르지 않다. 로마는 BC 509년에 공화국이 되었고, 제1차 포에니 전쟁(BC 264-241)의 결과로 시칠리아라는 첫 해외 식민지를 획득했다. 약 2

세기 후, 아우구스투스Augustus는 제국을 건설했으며(BC 31), 로마 제국은 서방에서 476년까지 이어졌다. 따라서 기본적으로 거의 1,000년의 기간을 논의하는 셈이 되는데, 그중 약 750년을 로마 제국의 확장 시기로 볼 수 있다. 그러면 (1000년 무렵 집필된 『대화』를 통해) 영어 대화 내용을 최초로 종이에 옮겨 적었던 앨프릭Aelfric 주교 이후 이어진 영어의 역사를 생각해 보자. 또다시 새로운 천 년이 시작되었다. 언어적 변화의 조짐은 매우 일찍부터 나타났다. 11세기에 새로운 종류의 영어가 스코틀랜드에서 발달하기 시작했는데, 노르만의 정복을 피해서 북쪽으로 이주해 온 피난민들에게서 많은 영향을 받은 것이다. 이 중세 스코트어가 오늘날 우리가 알고 있는 독특한 스코틀랜드 영어의 기본이 된다. 그러나 이 영어가 본격적으로 해외로 퍼져 나가기 시작한 것은 12세기 말인 1171년 헨리 2세가 아일랜드를 정복하면서부터다. 오래지 않아 영어에는 아일랜드 게일어의 억양이 더해졌다. 이후 20세기에 이르기까지, 영어는 라틴어가 750년에 걸쳐 확장되었던 것처럼 전 세계로 퍼져 나갔다.

영어와 라틴어의 유사점은 더 찾아볼 수 있다. 우리가 라틴 문학의 "고전"으로 여기는 작품들은 아우구스투스 황제의 "황금시대"를 풍미했던 오비디우스Ovid, 베르길리우스Virgil, 호라티우스Horace, 리비우스Livy 등이 남긴 저작들이다. 이들은 BC 1세기경에 등장했는데, 공화정이 시작된 지 약 400년, 제1차 포에니 전쟁이 일어난 지 약 200년이 되는 시점이다. 영문학의 첫 "고전"은 초서의 『캔터베리 이야기』인데, 이 역시 새로운 천 년이 시작된 지 400년 이후의 시점이자, 영국의 아일랜드 정복 이후 200년이 지난 시점이다. 다시 200년 뒤를 살펴보자. 두 언어[라틴어와 영어] 모두에게 중요한 의미를 가지는 시간이다. 3세기에 야만인의 침입이 유럽을 휩쓸기 시작했고, 다음 세기에도 침입은 지속되었다. 이는 결국 서로마 제국의 멸망으로 이어졌다. 고전 라틴어는 점차 지식인들의 언어가 되었고, 로마와의 소통의 용도로서는 존재감이 더욱 미미해졌다. 이러한 상황에서 언어들 간의 이질성은 더욱 증가되었다. 라틴어는 공용어로서 쇠퇴기를 맞이하게 된다. 또 다른 200년은 영어에도 전환점을 가지고 왔다. 우리는 이제 16세기 말에 와 있다. 이 무렵 영어와 비교해 다른 언어들, 특히 라틴어의 장점에 대해 열띤 논쟁이 있었으며, 대부분은 언어의 쇠퇴에 관한 것이었다. 머천트 테일러스 스쿨의 교장 리처드 멀캐스터Richard Mulcaster는 강력한 영어 옹호론자 중 한 사람이었는데, 라틴어와 비교해 지식인들의 의사 표현 도구로서의 영어의 장점에 대해 설파했다. 그러나 그 역시 영어가 국제어로서는 라틴어와 경쟁할 수 없음을 인정했다. 1582년 멀캐스터는 다음과 같이 적고 있다. "영어는 아직 멀리 확장되지 못하고 우리의 몇몇 섬에 국한되어 있다. 아니다, 그마저도 완전히 퍼진 것은 아니다. 우리는 제국이 아니기 때문에 다른 국가들을 통치하면서 영어를 퍼뜨릴 수도 없다."[8] 자랑스러워할 만한 문학이란 것도 없으며, 이는 흔히 말하는 200여 년 전 "초서 신부"의 시기 이후에도 마찬가지다. 그리고 초서의 영어는 15세기 초에 일어난 주요 발음 변화 때문에 사실상 다른 언어가 되어 버렸다.

1582년은 일련의 사건들을 논의하기에 얼마나 적당한 시기인가. 다음 세대에 정치적으로나 문학적으로 모든 것에 엄청난 변화가 있었다. 2년 안에, 월터 롤리Walter Raleigh의 첫 미국 원정이 닻을 올릴 계획이었다. 그리고 이는 실패로 돌아갔지만, 한 세대 이후, 첫 영어 사용 영구 이주자들이 버지니아주, 제임스타운에 자리를 잡았다. 이미 살펴보았지만 아메리카 원주민으로부터 차용한 언어가 영어에 스며들었고, 결과 미국식 영어로의 변모가 시작되었다. 이는 즉각적으로 동시대 문어에 중대한 특징이 되었으며, 곧 뚜렷한 미국식 억양 표준이 자리 잡았다. 그리고 문학에서도 1582년은 대단히 중요한 의미를 갖는다. 그해, 워릭셔의 스트랫퍼드에서 한 젊은이가 (영화 속의 기네스 팰트로가 아닌) 앤 해서웨이와 사랑에 빠졌기 때문이다(그의 결혼은 1582년 11월 27일로 기록되어 있다). 곧 (우리는 시기와 방법은 모르지만) 그는 런던으로 이주했고, 머지않아 한 사람의 작가로 회자되기 시작했다. 이로부터 한 세기가 채지나지 않아 영문학은 최고의 절정기를 맞이하게 된다.

라틴어와 영어는 세계로 퍼져 나간 지 600년 뒤 전환점을 맞았다. 라틴어의 경우 그것은 분열의 시작이었지만, 영어는 확장의 시작이었다. 엘리자베스 1세 통치 말기에 약 4-5백만의 인구가 영어를 사용했고, 엘리자베스 2세 시절 이 수치는 세계 인구의 1/4인 15억에 달하게 되었다. 라틴어와 영어의 대비는 이 점에서 대단히 명확해 보인다. 그러나 만일 역사를 지침 삼아 본다면, 영어의 확장 시기에 이미 분열의 씨앗이 자라나고 있음을 알 수 있을 것이다. 우리는 "라틴어들"이 아닌 "로망스어들"에 대해 논의한다. 그리고 이미 지적했듯이, 『영어 언어들』이라는 책이 있다. 역사는 되풀이되는 것처럼 보인다.

구심력 대 원심력

그러나 현재 영어에 일어나고 있는 현상에 대해 역사는 더 이상 의지할 대상이 못될 지도 모른다. 영어와 라틴어의 유사점 비교는 완벽하지 않다. 세계화의 결과 중 하나는, 미디어를 통해 우리는 즉각적으로 다른 언어와 다양한 영어에 접근할 수 있다는 점이다. 물론 최근 들어 가능해진 일이긴 하지만 말이다. 그리고 이는 사람들의 언어 인식에 대한 태도를 변화시켰다. 영국문화협회 동료 한 사람이 나에게 이런 이야기를 했다. 인도의 한 벽지 마을에서 텔레비전 한 대를 앞에 두고 많은 사람들이 둘러앉아 있는 모습을 보았는데, 그들은 위성을 통해 전달되는 BBC 뉴스를 보고 있더라는 것이다. 이들 중 어느 누구도 학교 교사들이 쓰는 인도식 영어를 제외하고는 (최소한 정기적이거나 집중적인 방식으로) 영어를 들어본 적이 없는 것 같았다고 그는 덧붙였다. 그러나 완전히 새로운 청각 모델이 일상적으로 이용 가능해지면서 인도에서 사용되는 영어가 어떻게 변해 가는지 관찰하는 것은 어렵지 않다. 또한 위성 통신이 말 그대로 글로벌화되면서, 세계 영어의 경우에 (언어의 역사에서 잘 증명된) 자연적인 검증과 균형 시스템이 어떻게 등장할 수 있는지 확인하는 것도 어렵지 않게 되었다. 이 시나리오에서, 인도 영어와 영국 영어의 이질성을 강화시키는 정체성을 위한 필요가 부여하는 인력은 세계 속에서 영국 영어와 인도 영어의 유사성을 더 높이는 이해를 위한 필요가 부여하는 인력과 균형을 이룬다. 이 현상은 도처에서 일어나고 있다.

구심력과 원심력 모두가 영어에 작용하고 있다. 다양한 현지 상황과 정체성을 반영하려는 필요성과 함께 상호 소통의 필요성도 존재하며, 이는 표준화를 증대하게 된다. 사람들은 서로를 이해할 필요가 있고, 이는 자국 내에서나 밖에서나 마찬가지다. 언제나 공용어에 대한 필요는 존재해 왔다. 그리고 초국가적인 조직들이 증가함에 따라 이러한 필요성은 더욱 높아졌다. UN의 191개 회원국들은 그들의 정체성을 표현할 뿐만 아니라 (최소한 일시적으로라도) 상호 대화를 원하고 있다. 그리고 한 조직에서 어떤 언어가 공용어로 선택되든 (개념이 전달되려면) 모든 구성원이 그 언어의 표준 형식을 배워야 하는 것은 필수적이다. 영어의 경우를 살펴보면, 세계 각국 사람들이 국제 행사에 모이거나, 외국 신문을 읽거나, 해외 출판을 위해 책을 저술할 때 사용되는 것은 표준 영어이다.

사실, 표준 영어는 모든 곳에서 동일하지는 않다. 하지만 영국 영어와 미국 영어의 철자법 차이는 뚜렷하지만 전체적인 철자는 거의 동일하고, 인쇄물의 경우 더욱 그러하다. 구어에서는 이 표준 영어의 수립이 그렇게 확고하지 못하다. 그들의 말을 통해 영국인, 미국인, 호주인 등을 쉽게 구분할 수 있기 때문이다. 그러나 이러한 차이도 아직은 크지 않으며, 세계적인 교류가 증가함에 따라 축소될 것으로 보인다. 다 아는 이야기겠지만, 세계는 좁아지고 있고, 이에 따른 언어적 결과를 초래하고 있다. 그것은 사람들이 서로 더 많은 이야기를 나누고 더 잘 이해하게 되었음을 의미한다. 미식축구 경기를 텔레비전을 통해 매주 보는 영국 사람들은 그 결과 미식축구의 전문 용어에 대한 지식이 증가한다. 몇 년 전 스모 경기를 텔레비전으로 보면서, 영어에서 사용되는 일본어 어휘에 대한 나의 지식은 10배나 높아졌다. 우리가 지금 행하고 있는 소통의 기회에 대해 생각한다면 국제 영어에서 표준적 요소가 강화될 것은 쉽게 짐작할 수 있다. 미국 및 영국 영어로 제작된 위성 텔레비전 프로그램들이 세계 각국의 가정에 전달되는 것은 특히 중대한 발전이다. 이렇게 되면 구어 영어의 표준화가 강화될 가능성이 높아진다.

같은 이유로 라틴어의 역사가 미래 영어의 역사를 대변할 수 없음을 짐작할 수 있을 것이다. 천 년 전에는 구심력이 부족했다. 로마 제국이 분열되자 라틴어 구어를 파편화하는 원심력을 제지할 수 있는 것은 아무것도 없었다. 유럽에서 표준 라틴어를 사용하는 인구는 얼마 되지 않았고, 집단 간의 소통은 어려웠다. 이제 전 세계는 소통적인 측면에서 볼 때 이전의 유럽보다 더 작아졌다. 서로에 대한 상대적인 고립은 예전의 공용어를 각기 다른 방향으로 유도한다. 중세에는 한 집단이 세계로부터 고립되는 것은 아주 쉬운 일이었지만 오늘날은 사실상 불가능하다.

현대 세계에는 원심력과 구심력이 모두 존재하며, 우리는 둘 다를 필요로 한다. 우리는 우리의 언어적 몫을 원하며, 그 것을 가지고자 한다. 우리는 언어를 통해 정체성을 표현하고자 하며, 언어를 통해 충분히 소통하고자 한다. 우리는 달라지길 원하며, 동시에 같아지길 원한다. 그리고 인간의 언어 사용에서 놀라운 점은 물론 이 모든 것이 완벽하게 가능하다는 것이다. 그것은 다양한 기능을 가진 뇌가 매우 잘 처리할 수 있는 상황들이다. 우리는 케이크를 가질 수도 있고 먹을 수도 있다. 20세기 언어학자들의 주된 통찰은 언어를 위한 뇌의 놀라운 능력을 입증하는 데 있었다. 그 결과 중 하나는 이중 언어 사용, 다중 언어 사용이 인간의 정상적인 상황임을 확인한 것이다. 세계 인구의 절반 이상, 어쩌면 약 2/3에 달하는 인구가 이중 언어 사용자들이다. 아이들은 모국어를(가끔은 모국어가 여러 개이다) 놀라운 속도로 습득한다. 분명 우리 안에는 말의 습득을 고무하는 뭔가가 있다. 따라서 나는 삼중 언어 사용이 점진적으로 등장하는 세계에는 어떠한 본질적 문제점이 있을지 알지 못한다. 이 세계에는 (그 특성들이 매우 혼합된) 지역 방언과 국가 표준 방언, 국제 표준 방언이 기분 좋게 공존한다. 그것은 우리의 라틴어 사용 조상들이 부러워했을 전망이다.

삼중 언어가 작용하는 방식을 나의 입장에서 설명하겠다.

- 우리 모두에게 시작이 되는 첫 단계는 고향, 즉 우리의 가족 방언이다. 나의 경우 고향은 웨일스이고, 나의 고향 방언은 웨일스 영어이다. 내가 10살 때 우리 가족은 리버풀로 이사를 갔는데, 억양이 너무 강해서 나는 곧 태피Taffy로 불렸고, 내가 억양을 리버풀 식으로 고칠 때까지 그렇게 불려야만 했다. 나는 지금 웨일스 영어와 리버풀 영어 모두에 능하다. 나는 두 개의 지역 방언을 가진 셈이다. 누구나 한 가지 이상은 가지고 있을 것이다.

- 두 번째 단계는 국가에 따른 표준 영어로, 대부분 학교에 들어가면서 접하게 된다. (영국, 특히 잉글랜드 동남부에 사는 소수의 사람들에게는 그들의 지역 방언이 국가 표준 방언이 된다.) 나의 경우 이것은 영국 표준 영어이다. 문어체를 배우고 점차적으로 대화체도 습득하면서, ain't나 이중 부정의 사용을 피하게 되었다. 나의 고향 말과는 다른 새로운 문법 구조와 단어들도 배워 나갔다.

- 세 번째 단계는 국제 표준 영어이다. 이는 문법이나 어휘가 영국식도, 미국식도, 그 어느 나라의 것도 아닌 그런 영어이다. 외국에서 일할 때 사람들은 영국적인 특성이 사라진 영어 사용에 익숙해진다. 그들은 영국이 아닌 곳에서 온 사람들과 대화하고 있음을 알고 있기 때문이다. 국제 표준 영어는 아직 전 지구적인 현실은 아니지만 점점 다가오고 있다.

이와 유사한 구분이 다른 언어에서도 나타나고 있다. 영어를 공부하는 많은 외국인들은 민족적인 혹은 전통적인 1단계 언어를 갖고 있으며, 2단계의 국가적 언어도 가지고 있다. 예를 들어, 스페인 북부의 경우 지역어인 바스크어와 국어인 스페인어가 있을 것이다. 첫 번째 단계와 두 번째 단계는 같은 언어의 매우 다른 형식이 될 수도 있다. 예를 들면, (남부 이탈리아의) 나폴리어와 표준 이탈리아어가 그것이다.

새로운 혁명

21세기에는 영국, 미국, 가나, 싱가포르 등 영어가 주요 공용어로 쓰이는 지역에서 대부분의 교육 받은 영어 모국어 사용자들은 삼중 방언 사용자(*triglossic*이라는 용어가 더 자주 쓰인다)로 거듭날 것이다. 미디어에 노출된 덕분에 이들은 지역적 변종들을 이해하는 능력에 있어서는 이미 (최소한) 삼중 방언 사용자라고 할 수 있으며, 표현의 영역에서도 점차 삼중 방언 사용자로 변모해 가고 있다. 외국어 학습자들은 또한 이러한 변형 영어를 알아야 할 필요를 느낀다. 중점적으로 교육이 행해지는 국가 표준과 함께 국제 표준이라는 의미를 발전시키면서 말이다. 교사들은 이미 영국의 *pavement*, 미국의 *sidewalk*, 호주의 *footpath*와 같은 지역적 어휘와 문법적 차이에 대해 일상적으로 가르치고 있다. 그러나 전망은 언제나 방언 중 하나가 나머지에 가까워지는 것으로 일관된다. 영국식 영어를 가르치는 사람이 미국식 대용어에 주의를 하거나, 혹은 반대 상황이 발생한다. 오래지 않아 하나의 국제적 표준이 그 시발점이 될 것이고, 영국식, 미국식, 기타 영어들은 모두 하나의 선택적인 지역 영어로 여겨질 것이다.

　나는 이러한 시나리오가 완전히 실현되는 데 얼마의 시간이 걸릴지는 장담하지 못한다. 교육과 평가에서 지대한 변화와 관련된 것이므로 쉽지 않은 전환임은 알고 있다. 이 상황은 점점 더 많은 곳에서 영어 사용자들이 증가하는 가운데 발생한 언어 역사상 전례가 없는 일이다. 또한 언어적 정체성과 상호 이해가 예상치 못한 방식으로 경합을 벌이는 가운데 일어난 예측 불허의 사태이기도 하다. 영어를 가지고 전문적인 일을 수행해야 하는 사람들에게는 따라서 매우 힘든 시기가 될 것이다. 결론적으로 볼 때, 중세와 르네상스 시대에 영어가 겪었던 폭발적 발전 이후에는 이러한 빠르고 근원적인 변화가 일어난 시기는 전무했다. 영어가 400년 만에 처음으로 특별하고도 극적인 변화를 겪고 있는 시기에 일어나고 있는 일들을 우리는 체험하고 있다. 이는 언어적 측면의 혁명이라 할 것이며, 언어학자에게도 혁명의 시작과 함께한다는 것은 물론 흥미진진한 일이다. 그러나 사람들을 인도해 혁명을 통과해야 할 교사에게는 힘든 시간이다. 의심할 여지 없이 언어 교육 체계의 전통적인 관행은 당분간 큰 변화 없이 이어질 것이다. 그러나 이미 듣기 교육 측면에서 관습 확장의 조짐이 보이고 있다. 이제 우리가 살고 있는 세상에서는 해외여행 시 전통적인 영국식 혹은 미국식 영어가 아닌 다양한 영어들을 만나게 된다. 만일 교사가 학생들에게 그들을 기다리고 있는 새로운 언어적 세계에 대해 아무런 준비도 없이 교육 기간을 마치도록 한다면 학생들에게 피해를 입히는 셈이 될 것이다.

이 장은 영어가 비교적 짧은 시간 동안 세계 공용어로 부상하면서 받게 된 압력을 해결해 나가는 과정에서 발생하는 일에 초점을 맞추었다. 그러나 동전은 양면이 있기 마련이다. 하나의 언어가 한 국가 안에서 지배력을 갖게 될 때, 기타 언어들은 자신들의 정체성을 어떻게 지켜갈 것인가에 대한 질문에 직면하게 된다. 한 언어가 세계 공용어로 발돋움할 때 여타 언어들 역시 이러한 의문을 품을 것이다. 그 결과, 새로운 질문들이 고개를 든다. 영어의 영향력이 너무도 강한 나머지 다른 모든 언어들의 특성이 영구히 바뀌게 될까? 또 영어는 다른 언어들을 말살할 것인가? 하나의 언어만 살아남은 세상이라는 (이것은 유례 없는 엄청난 지적 생태계의 재앙이다) 시나리오가 이론적으로 500년 안에 가능해질 것인가? 1990년대에 언어 혁명의 두 번째 영역에 대한 인식이 높아지면서, 위와 같은 가능성도 심각하게 고려되기 시작했다.

2. 언어의 미래

어떤 언어도 고립 속에서 존재할 수 없다. 모든 언어는 접촉하면서 서로에게 영향을 주고받는다. 광범위하게 확장된 언어(주요 국제어, 예를 들어 프랑스어, 스페인어, 중국어, 스와힐리어)는 그 접촉 언어에 많은 영향을 미친다. 그리고 하나의 세계 공용어는 자연히 그중에서 가장 큰 영향을 미친다.

지난 50년간 가장 주목할 만한 조류는 영어가 점점 더 세계화되는 과정에서 다른 언어들에 유례 없이 많은 영어 차용어를 유발함으로써 엄청난 영향을 미쳤다는 점이다. 만프레드 괴를라흐Manfred Görlach의 『유럽의 영어 표현 사전*Dictionary of European Anglicisms*』(2001)에서 십여 개를 선별해 알파벳순으로 정리해 보았다.

AA('Alcoholics anonymous'), absenteesm, absorber(냉장고 부속품), abstract(요약), accelerator, accountant, account executive, ace(테니스에서), acid(LSD), acid house(음악에서), action film, AD('art director')[1]

외래어가 쏟아져 들어오면서 문화는 크게 변화하고, 각 문화 안에는 상반된 태도가 존재한다. 어떤 사람들은 외래어 유입 이 어휘적 풍부함으로 이어질 것으로 기대해 이를 반기지만, 언어 순화주의적 입장을 가진 사람들은 고유 언어의 가치를 공격하는 것이라 여겨 이를 비난한다. 여러 조직이나 단체들 이 외래어 유입에 저항하고자 만들어졌다. 외래어를 금지하기 위한 노력으로 유명한 사례를 들자면, 1994년 프랑스에서 제 안된 투봉법loi Toubon이다. 이들의 에너지와 정신은 존중되어 야 하지만, 동시에 역사가 우리에게 명확히 말해 주는 바는 이 노력은 사리에 맞지 않다는 것이다. 모든 언어는 다른 언어와 접촉한다. 모든 언어는 다른 언어에서 어휘를 차용한다. 또한 그 어떤 집단도 이러한 현상을 막는 데 성공하지 못했다. 유일 한 방법이 있다면 접촉을 차단하는 것이다. 그러나 그 누구도 사회적 · 경제적 고립을 원치 않는다.

차용 반대 입장에는 그릇된 생각이 깔려 있다. 언어 순화 주의자들은 차용어가 자국어의 특성 변화를 유발할 것이고 이 를 재앙이라고 믿는다. 특성 변화는 있을 것이다. 하지만 재앙 은 아닐 것이다. 물론 그 증거는 언어의 역사, 무엇보다 영어 의 역사를 통해 도출해 낼 수 있다.『옥스퍼드 영어 사전』을 검색해 보면 영어는 수백 년 동안 350여 개의 언어에서 어휘를 차용해 왔음을 알 수 있다. 앞서 1장에서 언급했듯이, 이러한 차용은 영어의 성격을 극적으로 변화시켰다. 원래 게르만어였던 영어는 오늘날 앵글로-색슨 시절의 영어와도 다르다. 어휘의 4/5는 게르만어가 아니라, 로망스어, 라틴어, 그리스어에서 가져온 것이다. (영어 단어가 프랑스어에 유입되는 것을 못마땅해 하는 프랑스 사람들은 컴퓨터computer와 같은 영어 단어의 사용을 반대하는데, 사실 이 단어는 프랑스어나 라틴어에 그 근원이 있다는 점에서 모순이 느껴진다.)

영어가 변화했다는 사실은 의심할 여지가 없다. 하지만 이것이 나쁜 일인가? 많은 작가들 중에 두 사람만 예로 들겠다. 초서와 셰익스피어의 뛰어난 표현력은 그들이 다양한 외래어 어휘들을 활용할 줄 알았기 때문이었다. 그리고 풍부한 어휘력은 누구에게나 도움이 된다. 영어에는 *kingly, royal, regal*과 같은 "이중어"와 "삼중어"가 많다. 이들은 게르만어, 프랑스어, 라틴어로부터의 차용의 역사를 통해 존재하는 것이다. 같은 기본 개념을 표현하는 단어가 세 가지나 있다는 것은 한 단어로는 불가능한 다양한 문체적 뉘앙스의 표현을 가능하게 해 준다. 차용어는 언제나 한 언어에 의미적 가치를 더해 주고 사용자들이 그들의 생각을 좀 더 미묘한 방식으로 표현하게 해 준다. 그리고 현재 많은 언어들이 같은 경험을 하고 있다. 예를 들어, 젊은이들은 기성세대와는 달리 영어 차용어들이 "쿨하다"는 느낌을 가지고 있고, 그 결과 그들의 표현력은 힘을 얻게 될 것이다. 전체적으로 볼 때 그 언어는 새로운 어휘적 층위를 획득하게 된다. 많은 사회적 영역에서 영어 어휘는 적극적이고 창조적으로 활용되고 있다. 예를 들어, 광고의 경우 영어 어휘의 사용이 실질적으로 판매에 도움을 준다. 그것은 물론 영어 광고에서도 마찬가지고, 방식은 반대다. 향수 광고에서 프랑스 어휘의 사용은 판매에 도움이 된다. 지난 10년간 텔레비전 광고를 통해 영국 영어로 유입된 표현 중 가장 광범위하게 사용되는 것은 *Vorsprung durch Technik*[독일어 표현으로 '기술을 통한 우위' 라는 의미: 옮긴이]이다.

한 언어가 어휘를 차용할 때(물론 소리와 문법 구조도 함께), 어휘는 언어에 적응하게 된다. 이는 1장에서 논의했던 신종 영어를 비롯해 전 세계로 퍼져 나간 영어의 역사를 통해 되풀이되었다. 그리고 유사한 과정이 다른 언어로 유입된 차용어에도 영향을 미칠 것이다. 프랑스어 레스토랑restaurant이 영어로 유입되었을 때, 단어의 성격은 서서히 바뀌어 프랑스어 "rest-uh-rong"의 마지막 음절 비음의 발음이 사라지고 지금은 "rest-ront"로 발음된다. 마찬가지로, 영어 단어들은 다른 언어로 유입되면 그 발음이 바뀌고 결국은 영어적 특성마저 변화한다. 영어 단어가 일본어로 유입되었을 때 영향을 미친 분철법에 대해서는 많은 연구가 있었다. 유입된 영어 단어들 중 일부는 영어 사용자들이 알아듣지 못하게 되었는데, 이는 새로운 변형 영어인 "재플리쉬Japlish" 등의 등장에 한몫을 했다. 재플리쉬는 비록 우스꽝스러운 느낌으로 사용되고는 있지만 조롱하는 의미는 아니다. 이는 세계적으로 언어적 접촉이 증가하는 가운데 발생하는 현상을 특징짓는 직관적인 시도이고, 인간의 언어가 통제될 수 없음을 나타내는 주요한 실례이다. 하나의 언어가 국가적인 것이 되고, 이어서 국제적인 것이 되고, 세계적인 것으로 변해 가면, 원사용자들의 독점은 점점 줄어들게 된다. 영어 자체는 이미 오래 전에 특정 집단의 소유에서 벗어나 이제는 그것을 사용하고자 하는 모든 사람들에게 열려 있는 상태이다. 이것이야말로 영어가 세계적으로 확장되면서 그토록 많은 변화를 겪게 된 이유이며, 영어 "어족" 시나리오가 21세기에 왜 가능한지에 대한 설명이 될 것이다.

어휘에 이토록 주목하는 이유는 어휘야말로 언어의 변화가 가장 신속하고 두드러지게 일어나는 분야이기 때문이다. 사람들은 새로운 단어를 습득하고, 그 단어의 새로운 의미를 이해한다. 그러나 모든 차용어가 같은 정도의 관심을 유발하는 것은 아니다. 차용어에는 두 가지 종류가 있는데, 우선 한 언어가 지금까지 표현하지 못했던 개념을 나타내는 단어들(인터넷 관련 용어들을 예로 들 수 있다), 다음으로는 원 언어로도 완벽하게 표현할 수 있는 개념을 나타내는 차용어이다. 비판의 대상이 되는 것은 두 번째 범주에 속하는 차용어의 사용인데, 새로운 단어들이 고유 어휘들을 몰아낼 것이라는 우려 때문이다. 하지만 그것은 두 가지 이유 때문에 잘못된 두려움이라고 할 수 있다. 첫째, kingly의 예에서 설명했듯이, 새로운 어휘들은 기존의 단어를 대체하는 것이 아니라 그것을 보충한다. 스페인어에 유입되어 적용된 영어 어휘들의 경우, 이것들은 비

록 고유 스페인어와는 다른 뉘앙스를 가지고 있긴 하지만 영
어의 특성을 잃고 스페인어화 되어 버렸다. 이러한 통합의 과
정은 시인, 소설가, 극작가, 풍자가, 희극인, 광고인, 언론인 등
뉘앙스를 창조적으로 사용하는 많은 사람들에 의해 촉진된다.
차용어가 통합되는 데는 보통 한 세대 정도의 시간이 필요하
다. 비록 인터넷이 이러한 기간을 줄이고 있지만 말이다. 앞선
세대의 차용어를 생각해 보면 작가를 비롯한 많은 사람들이
그 차용어들을 잘 활용했기 때문에 우리는 가치를 부여한다.
차용어에 대한 비판은 현 세대에 와서야 시작되었다.

　　두 번째 이유는, 새 어휘들이 기존의 어휘를 대체하는 경
우라도(영어도 자주 겪어 온 일인데, 중세 초기 수백 개의 프랑스어가
앵글로-색슨어를 대체해 버렸다), 막을 방법이 없다는 것이다. 다
시 반복하지만, 인간의 언어는 통제가 불가능하다. 12세기의
역사학자 헨리Henry of Huntingdon가 전하는 잉글랜드의 크누
트Canute 대왕의 일화에는, 왕은 그 자신의 힘으로도, 신의 힘
으로도, 밀려드는 조류를 막을 수 없음을 입증함으로써 아첨
꾼들을 힐책한 것으로 나온다. 이 이야기는 개인이나 사회, 학
술 기관, 심지어 의회도 차용어 유입을 막으려 애쓴다는 점을
생각하면 시사하는 바가 크다. 이 시도는 결코 성공했던 적이
없으며, 앞으로도 마찬가지일 것이다. 언어는 너무도 많은 사
람들이 사용하는 만큼 엄청난 힘을 가지고 있다. 언어 사용자
의 수가 너무 적어서 그 용법을 중앙 기관에서 계획할 수 있는
극소수의 경우를 제외하면 용법은 통제를 넘어선다. 이것은 프

랑스어, 스페인어, 독일어와 같이 수많은 인종적 정체성이 통합된 국가에서 사용되는 강력한 언어에서 자명하게 나타난다.

따라서 차용어를 공격하는 대신, 문학, 학교, 사회에서 널리 차용어를 통합하기 위한 창조적 전략을 수립하는 것이 훨씬 타당하다. 이것이야말로 시간과 에너지를 더 나은 방향으로 사용하는 길이다. 차용어들은 서로 다른 언어적 배경을 가진 사람들이 함께 시간을 보내는 이 세계에서 보이지 않는 수출품이다. 이들은 새로운 차원의 언어적 생명을 한 집단에 추가한다. 세계 시민으로서 나는 내 언어 목록에 포함되어 있는 모든 차용어에 가치를 부여하며, 다른 사람도 같은 생각을 갖게 될 날이 오기를 고대하고 있다. 만일 사람들에게 언어적 문제에 소모할 시간과 에너지가 있다면, 주의를 기울일 만한 가치가 있는 대단히 중요한 문제가 존재한다. 그것은 언어의 죽음이다.

소멸 위기에 처한 언어들

비록 인류의 역사를 통해 많은 언어들이 존재했다가 사라졌지만, 1990년대 들어 여러 가지 세계적인 표본 조사가 발표되면서 사람들은 사라지는 언어의 비율이 크게 증가했음을 인식하게 되었다.[2] 비록 정확하게 말하기는 어렵지만, 요점은 간단하다. 그것은 전 세계 6,000여 개의 언어 가운데 절반 정도가 21세기가 끝나기 전에 사라질 것이라는 내용이다. 평균 2주에 한 개 꼴이다. 이것은 역사가 시작된 이후 전례가 없었던 일이다. 이 문제에 대한 사람들의 인식은 대단히 제한적이며, 분명 환경 운동을 통해 습득하게 된 생물학적 종의 손실에 대한 지식과는 비교조차 되지 않을 것이다. 대부분의 사람들은 아직도 언어적 의식을 가지고 있지 못하다. 하지만 현재 발생하고 있는 지구상의 언어적 다양성의 소멸은 그 정도와 속도에서 너무도 엄청난 것이라 정황상 "혁명"이라는 말로는 표현하기 힘들 것이다.

　지구상의 언어적 다양성에 대한 대중의 관심은 지속적으로 높아지고 있다. 많은 수가 유럽에 존재하는, 위기에 처한 개별 언어들의 역사 속에 세계적인 언어 멸종의 이야기가 반복되는 것도 부분적인 이유가 될 것이다. 유럽은 다행히도 수십 년에 걸쳐 소수 언어를 다루어 온 경험과 전문가들을 배치할 수 있는 정치적·행정적 구조, 주요 보호 정책과 권고안을 실행할 수 있었던 정책 결정의 역사를 가지고 있다. 사실 유럽 외의 일부 국가들은 유럽 대륙의 정책을 존경의 마음으로 바라보고 있다. 그리고 이미 두 개의 언어 보호법을 가지고 있고, 세 번째가 논의 중인 웨일스의 경우는 엄청난 부러움을 사고 있다. 최소한 공식 성명서의 숫자에 의거한다면(예를 들어, 지역 혹은 소수 언어를 위한 1992년의 유럽 헌장이나 1996년 언어적 권리에 대한 바르셀로나 선언 등),[3] 웨일스어와 게일어, 카탈로니아어, 로

만시어와 기타 언어를 보호하려는 현지의 움직임들은 하나의
동력을 형성하여 1990년대에 전례 없는 큰 위력을 발휘했다.
언어의 죽음과 관계 있는 국제적, 국가적 기구들은(예를 들어,
영국의 위기언어재단이나 도쿄의 유네스코정보센터 등) 1995년에 설
립되었다. 최근에야 이러한 움직임이 시작되었다는 사실은 이
미 반세기 동안 큰 관심을 모은 환경 생태 운동과 비교할 때
크게 낮은 일반인들의 인식에 대한 설명이 되고 있다. 하지만
식물 종과 동물 종의 멸종과 비교할 때 그 심각성이 훨씬 크다
는 것에는 의심의 여지가 없다. 그 누구도 이 세상 언어의 절
반이 다음 세기에는 사라질 것이라는 사실을 입 밖에 내지 않
는다.

세계 공용어의 도래(제1장)와 높아지는 언어의 사멸 비율
사이의 연관성은 인식할 필요는 있지만 지나치게 단순화하여
서는 안 된다. 소수 언어에 대한 지배 언어의 영향은 전 세계
적인 관심사이며, 영어의 역할은 특별히 중요하다. 하지만 여
기에 모든 주요 언어들이 관련되어 있음을 간과해서는 안 된
다. 세계 공용어로서 영어의 성장은 언어의 소멸을 설명하는
단독적인 요소가 아니다. 호주나 북아메리카 등지에서 언어의
소멸에 영어가 중요한 요소임은 분명하지만, 스페인어, 포르
투갈어, 러시아어, 중국어, 아랍어 등이 고유 언어를 대체하고
있는 남아메리카나 아시아의 많은 지역에서 언어의 유실이 발
생하고 있다는 점을 고려한다면 영어의 연관성은 그리 크지
않다. 마찬가지로 식민 지배를 당했던 아프리카 지역에서도

영어는 주 요소가 아니다. 이곳에서는 인종 간, 종교 간 대립이 언어의 사멸을 부추기고 있기 때문이다. 전체적으로 요약해 본다면, 전무후무할 정도로 시장과 문화의 힘을 부추기며, 지속적으로 언어적 세력 균형을 무너뜨리는, 모든 다수 언어들이 연루된 세계화의 결과에 대처해야 한다.

하나의 언어는 마지막 사용자가 세상에서 사라짐과 동시에 사멸한다. 혹자는 마지막에서 두 번째 사용자의 사망과 함께 사멸한다고 하는데, 마지막 사용자와 함께 그 언어를 나눌 사람이 사라졌기 때문이다. 만일 그 언어가 어떤 식으로든 기록되거나 문서화되어 있다면 이들이 죽고 나서도 언어는 살아남는다. 새로운 천 년의 전환기에 약 2,000개의 언어 ― 전체 언어의 약 1/3 ― 가 아직 문서화되지 않았다. 이렇게 기록되지 않은 언어가 사라진다면, 그 결과는 참으로 비극적이다. 사람이 죽으면 그 존재의 표식은 살았던 집이나, 비석이나, 유품 등, 한마디로 유적을 통해 남게 된다. 그러나 구전 언어는 그 어떤 흔적도 남기지 않는다. 기록되지 않은 언어가 사멸하면, 그것은 마치 그 언어가 아예 존재하지 않았던 것과 같은 결과를 낳는다.

너무도 극적인 것은 문제의 규모이다. 한 언어가 사멸하는 데는 특별한 것이 없다. 공동체는 역사를 통해 이어져 왔고 그들의 언어도 마찬가지였다. 예를 들어, 히타이트어는 구약 시대에 이르러 그 문화가 소멸했을 때 사라졌고, 성서 시절부터 사용된 60여 개의 언어들도 같은 운명에 처했다. 가능한 일이다. 그러나 과거를 기준 삼아 볼 때, 오늘날 벌어지고 있는 사태는 특별하다. 한 세기 안에 지구상에 있는 언어의 절반이 멸종한다는 것은 전무후무한 언어의 집단적 소멸이다. 그렇게 많은 언어들이 사라질 것이라는 것을 어떻게 안단 말인가? 지난 20-30년간 전 세계 언어학자들은 많은 시간을 들여 비교 자료를 수집했다. 그중에는 중요한 조사 자료도 있다. 우리가 언어에 대해 자료를 수집할 때는 단지 발음, 문법, 어휘에 대해 메모를 하는 것이 아니라, 사용하는 사람들의 수와 언어 역사에 대해서도 함께 조사를 하게 된다. 만일 얼마간의 사용자를 가지고 있는 언어가 다음 세대에게 잘 전수되지 못한다면, 그 언어는 머지않아 죽음을 맞이할 것이 분명하다. 100명, 혹은 1,000명 이하의 사용자를 가진 언어에 대해서도 우리는 같은 결론을 내릴 수 있다. 시간이 그리 많이 남은 것 같지는 않다.

　1999년 미국 서머언어학연구소Summer Institute of Linguistics에서 발표한 통계 자료인 에스놀로그Ethnologue에 따르면, 단 한 사람의 사용자를 가진 언어가 51개에 달하고, 그중 28개 언어가 호주에 존재하는 것으로 나타났다. 100명 이하의 사람들이 사용하는 언어는 500개에 가까웠고, 1,000명 이하는 1,500여 개, 10,000명이 안 되는 사람들이 사용하는 언어는 3,000여 개, 사용자가 10만 명 이 안 되는 언어는 놀랍게도 5,000개에 달했다. 또 전 세계 인구 중 4%가 96%의 언어를 사용하고 있었다. 이 중 대다수의 언어가 위기에 처했다는 것은 놀라운 일이 아니다.

소멸 위기에 처한 언어라는 맥락에서 보면 10만이라는 숫자는 가끔 사람들을 의아하게 만든다. 그렇다면 10만 명이 사용하는 언어는 안전한가? 아니 그 반대다. 이러한 언어들은 다음 주나 내년에 바로 사라지지는 않겠지만, 한두 세대 이상 지속된다는 보장도 없다. 그것은 언어에 가해지는 압력에 달려 있다. 특히 그 언어가 다른 지배적 언어에 의해 위기에 몰려 있는지가 중요하다. 또한 사용자들의 마음가짐도 고려해야 한다. 언어가 존속하거나 사멸하는 데 대해 관심을 가지고 있는가? 프랑스 북서 지역에서 사용되는 브르타뉴어는 사용자 수가 현격히 줄어든 전형적인 예이다. 20세기 초반 브르타뉴어 사용자는 백만 명이었지만 지금은 그 1/4에 불과하다. 노력을 통해 그 힘을 되찾은 웨일스어처럼 브르타뉴어도 충분히 노력한다면 존속할 것이고, 이미 그 조짐이 나타나고 있다. 그렇지 않다면 세력 감소는 계속 진행되어 50년이 못 가 사라질 것이다. 이미 이와 같은 시나리오는 최근 북서 유럽에서 사용되는 다른 두 개의 켈트어에서 현실화되고 있다. 콘웰 지역에서 사용되는 콘웰어와 만 섬의 만어다. 사라진 언어를 회복하자는 움직임 속에서 두 언어 모두 최근 관심을 받고 있다. 하지만 일단 한 언어가 그 최후의 사용 집단을 잃게 되면 회복 노력은, 비록 불가능하지는 않겠지만, 호주의 원주민 언어의 예에서 볼 수 있듯이 대단히 어려운 것이 된다.

사용자 집단이 언어를 지속시키고자 하는 의지를 잃게 되면 한 언어가 사라지는 데는 그리 오랜 시간이 걸리지 않는다.

사실, 이러한 쇠락의 속도는 최근 언어학 연구의 주요 발견이었다. 한 예가 알래스카 서쪽 알류샨 열도에 있는 아트카의 한 마을에서 사용되던 알류트어다. 1990년 토박이 사용자는 60명이었고, 1994년 그 수는 45명으로 줄었다. 이러한 추세가 계속된다면 알류트어는 2010년이면 사실상 지구상에서 사라질 것이다. 가장 어린 사용자들의 나이가 아직 20대임을 고려하면 알류트어는 아마 21세기 중반까지 존속할지도 모른다. 간헐적으로 사용되면서, 결국 마지막 몇몇 사용자가 서로 소외된 채 그들의 언어를 일상의 상호 작용 속에서 새로이 할 기회를 잃은 상태에서, 이제는 함께 말할 상대가 없음을 알게 될 때까지 말이다. 이와 같은 시나리오는 세계 도처, 특히 브라질, 서아프리카, 동남아시아(특히 파푸아뉴기니) 등 다수 언어들이 주로 사용되고 있는 적도 인근 지역에서 찾아볼 수 있다.

왜 이토록 많은 언어들이 죽어 가고 있는가? 그 이유는 자연재해에서 문화적 동화, 인종 말살까지 다양하다. 첫 번째 요소를 생각해 보자. 비록 정확한 수치를 들기는 어렵지만 소외된 지역의 작은 공동체들은 지진이나 허리케인, 쓰나미 등과 같은 재앙에 의해 쉽게 사라진다. 1998년 7월 17일, 강도 7.1의 지진이 파푸아뉴기니의 이스트사운다운 주를 강타해 2,200명의 목숨을 앗아갔고 10,000명이 넘는 주민들의 삶의 터전을 파괴했다. 시사노, 와루푸, 아로프, 말롤 등의 마을이 파괴되었고, 아로프와 와루푸 마을에서는 전체 주민의 30%가 사망했다. 이 마을들은, 이미 서머언어학연구소 학자들에 의해, 네 곳의 말이 모두 달라 소통이 힘든 것으로 확인된 바 있었다. 하지만 문제는 해결되지 않았다. 에스놀로그(1996)에 따르면, 세 가지 경우에 대한 조사가 필요하였고, 한 마을에서는 이미 연구가 진행되고 있었던 것으로 나타났다. 인구도 많지 않은 상태였다. 1990년에 실시된 인구 조사에 따르면, 시사노 마을의 주민은 4,776명, 말롤은 3,330명, 1981년 조사에서 아로프 마을은 1,700명, 1983년에 와루푸 마을은 1,602명으로 나타났다. 아로프와 와루푸는 이제 500명 정도로 줄어들었을 것이다. 그러나 마을이 파괴되고 생존자들이 멀리 떠나간 시점에서 참으로 의문이 드는 것은, 이들 공동체가 (물론 그들의 언어도) 이주의 시련을 딛고 살아남을 수 있을 것인가 하는 점이다.

토착 주민들이 외부에서 유입된 질병에 감염되었을 때의 역사적 영향력은 이미 확인된 바 있다. 비록 초기 식민지 시절에 있었던 이 엄청난 사건이 아직 폭넓게 인식되고 있지는 않지만 말이다. 유럽인들이 처음으로 아메리카 대륙에 발을 디딘 지 200년이 지나지 않아 90% 이상의 원주민들이 사람과 동물을 통해 옮겨 온 질병에 의해 사망한 것으로 추정된다. 한 지역을 예로 들어보겠다. 멕시코 중부 지역의 인구는 1518년 스페인 이주민들이 도착했을 때 약 2,500만 명 이상이었던 것으로 추정된다. 하지만 1620년 그 수는 1,600만 명으로 줄었다. 유럽인들이 도착하기 전까지 아메리카 대륙의 인구가 무려 1억 명에 달했음을 암시하는 자료들이 있는데, 200년도 채 지나지 않아 인구는 백만 명 미만으로 줄어들었다. 이 재앙의 규모는 다른 사례와 비교해 보면 제대로 실감할 수 있다. 14세기 유럽에서 흑사병이 창궐했을 때의 희생자 2,500만 명을 훨씬 넘어서며, 두 차례 세계대전에서의 사망자(약 3천-4천만 명)보다 월등히 많은 수이다. 그 다음에는 천연두가 있었고, 오늘날에는 AIDS가 숱한 인명을 앗아가고 있다. 인플루엔자나 홍역 같은 질병은 면역력이 없는 집단에 전염되었을 때 너무도 강력한 살인자가 될 수 있다. 남아메리카의 원주민 언어에도 같은 일이 발생했다.

인권 단체의 자료에 주기적으로 등장하듯이, 고유의 자연 자원이 외부로 약탈되는 지역에서 주민들이 받는 피해는 엄청나다. 아마존 열대 우림 지역 주민에 대한 처우가 지속적으로 국제적인 비난을 유발하고 있다. 땅에 대한 원주민의 권리를 지키기 위한 수십 년간의 노력과 농장주들과 광산업자, 벌목업자들로부터 이들을 보호하려는 다양한 노력에도 불구하고, 인종 살상이나 원주민 추방과 관련된 보고서들이 계속 나오고 있다. 다른 한편에서는 경제적이라기보다는 정치적인 상황이 한 국가 내에서 집단 소멸의 직접적인 원인이 된다. 그 피해는 내전이나 국제적 규모의 전쟁의 결과일 수도 있다. 아프리카 일부 지역처럼 오래된 인종적 혹은 종교적 적대감이 이유가 될 수도 있다. 인종 말살의 증거는 찾아보기 어렵지 않다.

많은 지역에서 정치적 요인과 경제적 요인을 분리하는 것은 어려운 일이다. 콜롬비아에서 사라져 간 몇몇 언어들을 예로 들면, 전운이 감도는 주변 상황과 관련이 있다. 한 가지 흐름은 몇몇 원주민 집단을 말살시킨 군사적 갈등의 역사를 부각시킨다. 갈등은 복합적이고, 정규군과 준군사 조직, 게릴라와 (마약과 관련된) 지역의 범죄 세력들이 연관되어 있다. 인종 집단의 구성원들은 자신들이 세력 간 갈등에 휘말려 있음을 알게 되는데, 특정 세력은 이들이 다른 세력에 동조했다는 의혹을 품고 있다. 다른 흐름을 살펴보면, (아마존 유역의 고무 농장에서 행해진) 노예 노동에 대해 보고된 사례와 같이, 농촌 내부와 외부의 조직에 의한 소규모 공동체의 착취와 농촌에서 도시로의 강제 이주를 들 수 있다. 원인의 내막이 무엇이든 간에 결과는 마찬가지다. 그것은 어쩔 수 없는 구성원들의 죽음과 단기적인 집단의 해체이다.

사람들은 살아남을지 모른다. 그러나 언어는 죽을 수 있다. 언어의 소실을 조장하는 나머지 요인들은 사람들의 물리적 안전과 직접적인 연관은 없다. 집단 구성원들은 살아남아 종종 그들의 고향에서 잘 살아갈 수도 있다. 그러나 그들의 언어는 퇴락하여 결국 사라지고 다른 언어에 자리를 내준다. 이 맥락에서 가장 자주 접하게 되는 표현은 **문화적 동화**이다. 한 문화가 지배 문화의 영향을 받게 되고, 구성원들이 새로운 행동 양식을 받아들임에 따라 그 고유성을 잃게 된다는 의미이다. 오늘의 위기는 대부분 500여 년 전부터 시작된 주요 문화 이동에 의해 촉발된 것이다. 식민주의가 소수의 지배 언어를 전 세계에 퍼뜨리게 되었다. 영어가 수많은 고유 원주민 언어를 몰아냈던 북아메리카나 호주와 같은 지역은 더 이상 강조할 필요도 없을 것이다. 하지만 앞에서도 지적했듯이, 이런 방식으로 지배력을 강화한 언어는 영어에 국한되지 않는다. 남아메리카 지역에서는 스페인어와 포르투갈어가 우세했다. 북아시아 지역에서는 러시아어였다. 유럽의 식민주의가 유일한 원인 제공자는 아닌 것이다. 아랍어는 북아프리카에서 수많은 언어들을 제압해 버렸다. 사하라 이남 아프리카에서는 토착 종족들의 제국 건설이 언제나 중대한 요인이었다.

오늘날, 문화적 동화를 촉진하는 요인들은 잘 알려져 있다. 도시화가 많은 도시를 양산하고, 이들은 농촌 사회를 끌어당기는 자석 역할을 한다. 도시 안에서 이주민들은 엄밀하게 말하면 즉각적으로 미국적 성향에 치우쳐 있는 소비 사회로 유입되고, 이러한 접촉은 불가피한 균질화로 이어진다. 지배 언어 — 남아메리카에서 스페인어나 포르투갈어, 동아프리카 대부분 지역에서 스와힐리어, 북아프리카 지역에서 아랍어, 사실상 세계 모든 곳에서 영어와 같은 — 를 배우는 것은 이러한 균질화 과정을 크게 촉진한다. 심지어 농촌에 남은 사람들에게도 (외부와 고립된 곳을 제외하고는) 피신처는 없다. 시골 사람들을 도시로 옮겨 주는 수송 체계가 소비 상품과 그와 결부된 광고를 농촌으로 실어 나르고 있기 때문이다. 권력의 거대 도시 집중은 지역 사회의 자치를 약화시킨다. 주민들은 스스로의 운명을 더 이상 통제할 수 없음을 알고 소외감을 느낄 것이며, 지역 사회의 요구는 머나먼 도시 지역의 정책 결정자들에 의해 무시될 것이다. 지배 문화의 언어는 모든 곳에 스며들고, 특히 텔레비전을 비롯한 미디어의 가차 없이 이어지는 일상의 압력에 의해 강화된다. 전통적 지혜와 관습은 빠른 속도로 침식당한다.

한 문화가 다른 문화에 동화될 때, 위험에 처한 언어에 타격을 입히는 일련의 과정은 어디에서나 동일하다. 크게 세 단계로 나눌 수 있는데, 1단계에서는 지배 언어로 말하도록 사람들에게 거대한 압력이 가해진다. 이 압력은 정치적, 사회적, 경제적 원천에서 발생될 수 있다. 그것은 인센티브, 권고나 법률의 입안 형식을 띤, 정부나 국가 조직에 의한 "하향식"의 압력일 것이다. 혹은 한 사회 내에서 최신 성향이나 또래 집단의 압력 형태를 띤 "상향식" 형태로 나타날 수도 있다. 혹은 아무런 방향성을 띠지 않을 수도 있는데, 일부의 사람들만 인식하는 사회정치적 요소와 사회경제적 요소의 상호 관계의 결과로 나타나기도 한다. 그러나 압력이 어디에서 유발된 것이든 결과는 2단계인 이중 언어 사용 시기의 도래이다. 여전히 고유어를 능숙히 사용하는 가운데 점점 새 언어에 익숙해지는 단계이다. 그리고 나서 이중 언어 사용 추세는 점점 힘을 잃고, 고유어가 새 언어에 자리를 내주게 되는데, 가끔은 상당히 빠른 시일 내에 이 과정이 이루어지기도 한다. 이후 이어지는 3단계는 젊은 세대가 점점 새 언어에 능숙하게 되면서 자신의 정체성을 새 언어에서 찾게 되는 시기이다. 더 이상 고유어는 그들의 새로운 요구에 부합하지 못한다. 종종 고유어 사용이 자녀뿐만 아니라 부모의 수치심을 유발하기도 한다. 부모는 아이들에게, 혹은 아이들 앞에서 고유어를 사용하는 경우가 점점 줄게 되는데, 더 많은 아이들이 태어날수록 부모가 고유어를 사용할 기회는 더욱더 줄어든다. 고유어를 계속 사용하는 가족들은 함께 대화할 다른 가족이 점점 줄어듦을 깨닫게 되고, 그들의 고유어 사용은 내부적이고 특이한 것이 되어 "가족 방언"으로 남게 된다. 아이들은 집 밖에서 더 이상 고유어를 사용하지 않는다. 한 세대가 가기 전에 — 가끔은 10여 년으로 족하기도 한데 — 한 가정의 활기찬 이중 언어 사용은 부끄러운 수준의, 불완전한 이중 언어 사용으로 전락한다. 이 과정을 거쳐 결국 한 가지 언어만 사용되며, 고유 언어는 몰락으로 한 발 더 다가가게 된다.

21세기의 도전: 문서화와 언어 소생

대책이 있는가? 언어 사용자가 극소수이거나 고령자들뿐인 곳에서 그리고 언어를 염려하기에는 생존하기에 급급한 곳에서, [위기에 처한] 많은 언어들을 돕기 위해 뭔가를 하기에는 너무 늦은 것이 분명하다. 그러나 아직 이토록 심각한 정도에 이르지 않은 언어들도 많이 남아 있다. 언어가 위기에 처한 곳에는 언어의 부활을 위해 할 수 있는 일도 뭔가 있기 마련이다. 그것은 소생이다. 한 집단이 그들의 언어가 위험에 처했음을 깨닫게 된다면 모두 힘을 모아 진정으로 그들의 언어를 소생시킬 수 있는 방안을 강구할 수 있을 것이다. 호주와 북아메리카에서는 성공적이고 널리 알려진 사례들이 있다. 웨일스어는 영국에서 가장 성공적인 언어 부활의 예이다. 물론 무슨 일이든 성공의 가능성은 가지고 있다. 공동체는 그들의 언어를 구하길 원해야 한다. 그 언어가 속한 문화는 소수 언어를 존중해야 한다. 과정과 자료와 교사들을 도입하기 위한 재원 조달도 필요하다. 그리고 많은 경우 문서화 작업 혹은 디지털 작업이라는 기본적인 직무를 행할 언어학자들도 필요하다.

　　주요 업무는 다음과 같다. 언어의 문서화 작업, 즉 저장하고 분석하고 기록하는 일이다. 이렇게 하는 데는 두 가지 이유가 있다. 분명한 하나는 교육적인 것 ― 문식력literacy에 대한 욕구 ― 이다. 두 번째 이유는 우리가 사라져 가는 언어들을 우선적으로 구제해야 한다는 당위성과 깊은 관련이 있다. 지구상에서 동물이나 식물이 멸종할 때 우려하는 것과 마찬가지 이유이다. 우리는 물론 생물학적 종이 아닌 지적이고 문화적인 종에 대해 논의하고 있다. 그러나 문제는 마찬가지다. 대부분의 사람들은 논란 없이 이 전제를 받아들일 것이다. 생물학적 다양성은 바람직한 것이고, 그 보존을 위해 노력해야 한다는 것 말이다. 수십 년간의 홍보와 활동으로 사람들은 이제 인식하고 있다. 언어적 종은 불행히도 아직 그와 같은 압력을 행사하지 못하고 있다. 대부분의 사람들은 이 문제를 의식하지 못하고 있다. 인식 제고를 위해 해야 할 일들은 4장에서 논의된다.

다양성은 각 종들이 새로운 환경에서 살아남기 위해 유전적으로 적응해 나가는 것으로 보는 진화적 사고에서 핵심을 차지한다. 점점 높아지는 획일성은 여러 종의 장기적 생존에 위험이 될 수 있다. 가장 건강한 생태계는 가장 다양한 생태계이다. 이것을 인류 발전사에 적용시켜 보면 인류가 지구를 성공적으로 정복한 것은 모든 환경과 잘 어우러지는 다양한 문화를 발전시킬 수 있는 인간의 능력 때문이라는 요지가 얻어진다. 언어적 다양성을 지켜 나가야 할 필요성은 이와 같은 주장에 근거한다. 만일 다양성이 성공적인 인류를 위한 전제 조건이라면, 언어적 다양성의 보존은 본질적인 것이다. 언어가 인간 존재의 의미 그 중심에 놓여 있기 때문이다. 만일 다양한 문화의 발전이 그토록 중요한 것이라면 언어의 역할 또한 중차대하다. 문화는 대부분 말해지고 쓰여진 언어를 통해 전파되기 때문이다. 한 집단의 역사는 대부분 한 언어 안에 요약된다. 그 문화적 정체성의 많은 부분도 그러하다. "모든 언어는 하나의 신전이다. 그 안에 언어 사용자들의 영혼이 봉안되어 있다"[4]고 올리버 웬델 홈즈Oliver Wendell Holmes는 말했다. 그리고 다양성의 정도가 중대한 요소라면, 되도록 많은 언어들이 잘 보존될수록 좋은 것이다.

세상은 비전의 모자이크이다. 우리는 다른 사람의 시각에서 많은 것을 배운다. 이 모자이크의 한 조각을 잃는 것이 우리 모두에게 손실이 될 수도 있다. 가끔 우리가 원주민들에게서 새로운 의학적 치료법을 발견하게 될 때 그 배움은 대단히 실용적이다. 때때로 그것은 지식의 문제이기도 하다 — 언어들 간의 연관성을 통해 초기 문명의 운동에 대해 알 수 있을 때처럼, 우리 세계의 역사에 대한 우리의 인식을 증대시킨다. "한 언어가 사라질 때마다 늘 마음이 아프다. 언어는 민족의 계보이기 때문이다."[5] 존슨Johnson 박사의 말이다. 때때로 그것은 문학의 문제이기도 하다. 모든 언어는, 단지 구어의 형태라 할지라도, 그들만의 초서, 워즈워스, 디킨스를 가지고 있다. 또한 언어학의 문제이기도 하다. 우리는 언어 그 자체에 관해 새로운 것을 배운다. 에즈라 파운드는 이 심오하고 지적인 논의에 대해 다음과 같이 요약했다. "인간 지혜의 총합은 한 가지 언어로는 담아낼 수 없다. 그 어떤 언어도 인간 이해의 형태와 정도를 모두 표현할 수는 없다."[6] 그리고 기분 좋은 전망을 위해서는 조지 슈타이너의 말을 떠올리면 된다. "자기 자신의 명확한 윤곽을 경험할 수만 있다면, 불완전한 방법이나마, 또 다른 언어를 활용하는 것이 비평가의 의무가 아니던가?"[7]

　왜 우리가 언어의 죽음에 대해 우려해야 하는지, 또 소멸 위험에 처한 언어를 위해서 되도록 빠른 시일 내에 문서화 작업을 시작해야 하는지에 대해서는 물론 합당한 생태적, 사회적, 언어적 이유들이 있다. 죽어 가는 모든 언어들과 함께 인간의 언어 능력의 본성에 관한 귀중한 자원, 자료들도 사라져 간다. 그리고 우리는 모두 합해도 6,000여 가지의 자원밖에 남지 않았음을 잊어서는 안 된다. 그러나 그럼에도 불구하고 모든 사람들이 다중 언어 세계의 가치를 믿는 것은 아니다. 세상에는 뿌리 깊은 통념이 존재한다. 대표적인 것은 바벨 신화이다. 즉, 인간의 언어가 다양한 것은 축복이라기보다는 오만 방자한 인간을 처벌하기 위한 신의 저주라는 믿음 말이다. 논쟁은 이어진다. 만일 우리가 단 하나의 언어만 가진다면, 영어든 에스페란토어든 관계없이, 인류는 훨씬 더 행복해질 것이라는 주장도 있다. [그렇게 되면] 서로 오해할 필요도 없어질 것이다. 그리고 세계 평화를 위한 새로운 시대로 접어들 것이다.

이 주장은 매우 그럴듯해 보인다. 그러나 말이 안 되는 소리다. 성경을 믿는 문제와는 아무런 관련이 없다. 성경 이전에 단 하나의 언어만 사용되던 시절이 있었는지에 대한 의문은 차치해 두자. (창세기 10장에 야벳의 아들들을 "그들의 국가와 언어에 따라" 분류했다는 점에서 유일 언어는 없었음을 알 수 있다. 이것은 11장 이후에 등장하는 바벨 신화보다 훨씬 이전의 시기이다.) 사실을 이야기하자면, 유일 언어의 세계는 현재의 단일 언어 사용 국가가 누리는 그 이상의 평화를 가져오지 않는다는 것이다. 오히려 그 반대이다. 많은 단일 언어 사용 국가들이 세계적인 분쟁 지역이었다는 사실은 매우 흥미롭다. 캄보디아, 베트남, 르완다와 부룬디(이 두 국가는 아프리카에서도 단일 언어 사용으로 유명하다), 유고슬라비아의 세르보-크로아티아어 사용 지역 등이다. 북아일랜드도 뺄 수 없을 것이다. 주요 단일어 사용국들은 예외 없이 내전을 경험했다. 만일 사람들이 서로 싸우기를 원한다면, 그 분쟁을 멈추기 위해서는 공통 언어 이상의 무엇이 필요하다.

공동체를 이루는 인간의 권리와 그 정체성에 주목하는 것이 평화로운 세상과 가까워질 수 있는 더욱 빠른 길이다. 그리고 한 공동체의 주요 휘장이나 배지 같은 것이 바로 그 언어이다. 복수 언어 사용을 위한 세심한 정책, 소수 언어에 대한 배려는 평화롭고 호혜적인 공존을 위한 초석이 될 것이다. 우리는 오로지 이중 언어 사용의 이점에 대한 인식과 진정한 이해를 통해 그러한 정책을 펼칠 수 있다. 이것은 역사적 성향 때문에 단일어를 사용하는 대부분의 선진국들이 아직도 도입하는 데 어려움을 겪고 있는 원칙이다. 그들은 에머슨Emerson의 말을 되새겨 볼 필요가 있다. "많은 언어를 알수록, 많은 친구를 알수록, 많은 예술과 직업을 알수록 사람은 더욱 인간다운 인간이 된다."[8] 아니면 슬로바키아의 속담을 떠올려 볼 수도 있다. "새로운 언어를 배울 때마다 우리는 새로운 영혼을 얻는다."

물론 언어에 대한 이러한 논의가 더 넓은 전망 속에 전개되어야 할 곳들도 있다. 물질적 복지가 최우선이 되어야 하는 것은 자명하다. 병이 들어 말을 하기 힘들거나 너무 배가 고파 듣지 못하는 사람들에게 언어에 대한 논의는 아무 의미가 없다. 음식과 복지, 일자리가 부족한 상황이라면 자원을 확보하고 경제 성장을 도모하는 데 에너지를 집중할 것이다. 군사적 충돌이 있거나 정치적 압제, 내분이 일상의 안전과 생존을 위협하는 경우도 마찬가지다. 이들에게 언어 보존이란 문제는

말도 안 되는 사치로만 여겨질 것이다. 상황과 우선순위, 목표
는 언제나 변한다는 것이 삶의 진실이다. 만일 국제기구가 주
도한 개발 계획이 큰 성공을 거둔다면, 건강과 풍요를 누리는
사람들은 시간과 에너지를 삶의 양보다는 질에 투자할 시기가
올 것이라는 희망을 가질 수 있다. 그때가 되면 사람들은 문화
적 전통을 되살리고 문화적 정체성을 확인하려는 노력을 기울
일 것이다. 이렇게 되면 자신의 언어에 대해서도 관심을 가지
게 된다.

　결국 등장하게 되는 큰 불만은 "만일 ～만 했다면"의 형식
을 취한다. "우리 부모님이 ～만 했더라면," "만일 우리 할아
버지 세대가 ～를 하셨더라면." 이것은 한 세대가 언어 전수에
실패한 후 그 다음 두 세대 구성원들 사이에서 매우 흔하게 등
장하는 불만이다. 전형적으로, 언어 전수 실패 후 첫 세대는
그렇게 신경을 쓰지 않는다. 그 구성원들은 여전히 새로운 사
회적 입지와 언어를 구축하느라 여념이 없기 때문이다. 잃어
버린 유산에 대해 고민하고 상황을 안타깝게 생각하는 것은
토지 분쟁이나 인권 투쟁에서 자유로우며, 새로운 언어를 확
실히 구사하고, 훨씬 나은 사회적 지위를 누리게 되는 자녀 세
대들이다. 예전에는 수치심의 원인이었던 "고유 언어"가 이제
는 정체성과 긍지의 근원으로 여겨진다. 하지만 그 즈음, 아무
런 보호 정책이 취해지지 않았던 언어라면 이미 때는 늦어 있
을 것이다. 만일 이들의 언어가 기록되지도 기억되지도 못한
채 사라졌다면, 되살릴 방도는 없다. 반대로 만일 경제 상황이

극도로 어려운 시기였지만 언어 보존을 위해 작은 노력이라도 바쳐졌다면 후손들은 최소한의 선택권을 가질 수 있을 것이다. 우리가 이들 세대에 대해 논의하든 그 앞 세대에 대해 논의하든 관계없이, 이들은 선택할 수 있다.

너무도 부족한 노력, 이것이 21세기가 직면한 도전이다. 우리는 이런 식으로 수천 개의 언어를 구할 수 있을까? 의지와 자금이 있다면 물론 가능하다. 그러면 얼마 정도의 비용이 들까? 해야 할 일을 생각한다면 결코 적은 비용이라고는 할 수 없다. 참여할 언어학자들을 모으고, 해당 언어를 사용하는 공동체에 교사를 지원하고, 문법책과 사전을 출판하고, 학교에서 사용할 교재를 만드는 등의 모든 일들을 수년간 지속해야한다. 위기에 처한 언어를 되살리는 데는 시간이 필요하기 때문이다. 상황이 너무도 상이하기 때문에 일반화는 힘들지만, 한 언어당 연간 약 10만 파운드로 많은 일들을 할 수 있다. 만일 3,000개 언어 모두에 3년씩 이 정도의 노력을 기울여야 한다면, 현재의 위기를 타개할 수 있는 현실적인 효력을 발휘하기 위해서는 9억 파운드의 비용이 든다는 이야기다. 파운드건 달러로 환산하건 이것은 어마어마한 금액이다. 그러나 시야를 넓혀 보자. 이 금액은 연평균 이삼 일 정도의 원유 매출액과 맞먹는다. 3,000개의 언어를 문서화하고 소생시키는 데 약 십억 파운드의 비용이 든단 말인가? 그렇게 막대한 자금을 어디서 확보할 수 있을까?

비록 느리고 많은 어려움이 있지만 노력은 시작되었다.

1990년대에 몇 개의 기구들이 세워져 [언어 부활을 위한] 힘과 자금 확보를 위해 노력하고 있다. 1995년 영국에 세워진 위기언어재단은 앞에서 이미 언급했을 것이다. 미국, 독일, 일본 등지에도 이와 유사한 기구들이 있다. 같은 해 시작된 유네스코의 사업은 한 걸음 더 나아가 2003년 3월 현재의 위기 상황에 대한 내용을 담은 새 문서 자료까지 만들었다.[9] "함께 참여하여" 언어 부활을 위해 노력할 사람들은 부족하지 않아 보인다. 이미 "참여할 준비를 갖춘" 잘 교육 받은 토착 주민들이 확보된 곳도 적지 않다. 문제가 되는 것은 언제나 자금이다. 필요한 것은 분명하다. 하지만 필요한 자금은 분명히 학술 서적이나 방송, 언론, 가능한 많은 커뮤니케이션 채널을 통한 의식적인 모금에 의지할 수밖에 없다. 그중에서도 예술을 활용한 방법은 4장에서 논의될 것이다. 지구적 규모의 "적신호"를 대중에게 인식시키는 것은 새로운 천 년에 시작되어야 할 가장 중대한 과업이 아닌가 한다. 십여 년 전이었다면 이런 일을 이루리라 기대하기는 어려웠을 것이다. 오늘날, 여러 가지 방법들이 가능해졌는데, 그것은 많은 부분 언어 혁명의 세 번째 특징, 즉 인터넷이 가져다준 기회 때문이다.

3. 인터넷의 역할

대중의 인터넷 사용은 1990년대 혁명적인 언어학적 특성을 구성하는 세 번째 요소이다. 인터넷만큼 "혁명적"이라는 수식어가 딱 들어맞는 것도 없을 것이다. 하나의 기술로서 인터넷은 1960년대부터 시작되었지만, 이메일이나 챗의 경우, 30년이 지나도록 극소수의 사람들만 이용하였다. 월드와이드웹 자체는 1991년부터 존재하게 되었다. 그러나 이렇게 짧은 기간 동안 사람들은 이 기술을 받아들이고 습득하였다. 그리고 그 과정에서 뚜렷하게 언어를 변용하고 확장시켰다. 우선 사람들은 열렬한 인터넷 사용자들이 쓰는 비어와 은어 속에서 언어유희를 즐기고, 철자와 구두법의 전통적 법칙을 깨는 그들의 경향 속에 언어적 새로움이 있음을 알게 되었다. 언어학자들은 특히 이러한 언어적 혁명이 전 세계로 퍼져 나가는 속도에 깊은 인상을 받았다. 그러나 점차적으로 인터넷은 새로운 형식의 언어 양식 이상의 것을 대변하고 있음이 확실해졌다. 인터넷은 우리에게 소통을 위한 도구로서의 또 다른 대안을 제공하고 있다. 이 대안은 너무나 새로워서 아직 일반적으로 합의된 이름이 없다. 지금까지 제안된 것으로는 **컴퓨터 매개 통신**과 **전자 통신**, 두 가지 정도다. 또한 인터넷에서 표현되는 언어에 대해서도 인정된 용어가 없다(내가 사용하는 것은 넷스피크 *Netspeak*이다).[1] 그러나 인터넷의 시작을 기술적, 사회적 의미에서와 마찬가지로 언어적 의미에서 혁명적인 사건으로 볼 수 있는 확실한 근거가 있다.

사실 이 정도 강도를 가진 혁명은 대단히 드물다. 소통의 첫 수단은 물론 말이었다. 인류가 말을 사용하기 시작한 것은 3만 년에서 10만 년 전의 일이다. 그러고 나서 약 만 년 전, 지구상 몇몇 곳에서 문자가 탄생했다. 이 두 가지 수단은 이후 인류의 만족스러운 소통의 도구가 되어, 말의 경우 전화나 방송, 문자의 경우 인쇄, 전신 등과 같은 새로운 기술이 도래할 때마다 더욱 편리하게 진화되어 왔다. 우리는 사회의 중요한 부분을 위한 제3의 소통 수단의 의의도 인정해야 한다. 그것은 수화인데, 18세기에 체계적으로 기록되기 전까지는 유래가 확실하지 않으며, 오늘날에도 여러 가지 형식으로 존재하고 있다. 그러나 사회 전체에 영향을 줄 새로운 소통 수단이 등장하기까지 만 년의 세월이 걸린 것이다.

이렇게 혁명적인 어조로 표현하는 근거는 무엇인가? 나는 왜 단순히 "스크린 위에 쓰여진 언어"로서 컴퓨터 매개 통신이라는 전통적인 표현에 만족하지 못하는가? 이 대답은 인터넷 통신에서 어떤 일이 일어나는지 설명하려고 애쓴 논평가들의 고민에서 찾을 수 있다. 이메일은 예를 들어 "쓰여진 말," "대화와 편지의 잡종," "글쓰기와 말하기의 기이한 혼종" 등으로 불렸다.[2] 호머 심슨이 친구들에게 "이메일이 뭐야?"라고 물었을 때, 그들은 머리를 긁적인다. 레니는 이렇게 대답한다. "그건 컴퓨터로 하는 건데, 그러니까, 음… 전자 편지라고 할 수 있지." 여기에 칼이 덧붙인다. "아니면 소리 안 나는 전화라고나 할까."[3] 그리고 인터넷의 다른 기능들을 생각한다면, 그 특징을 기존의 말이나 글로 간단히 설명하기엔 더욱 쉽지 않다. 일부 논평가들은 인터넷을 텔레비전, 전화, 전통적인 출판의 혼합물이라고 표현하기도 하며, 사이버스페이스라는 말은 디지털과 정보의 세계라는 의미를 표현하기 위해 만들어졌다(예전에는 **정보 초고속도로**_information superhighway_라는 표현이 사용되었다).

인터넷이라는 도구의 새로움을 즐기려면 우리는 그것이 가진 모든 기능을 살펴보아야 한다. 결국, 인터넷은 공통된 기준에 의거해 어떤 중앙 컴퓨터(혹은 호스트)에서 네트워크상의 다른 호스트로 메시지가 보내지는 컴퓨터 네트워크의 연합에 다름 아니다. 그러나 그것은 2000년 현재 1억 개의 호스트가 연결된 지상 최대의 컴퓨터 네트워크가 되었다. 점점 더 높은 수준의 서비스가 제공되고 다양한 기술을 통해 기록적인 수의 사람들이 서로 연결되고 있다. 인터넷의 기능을 세 가지로 크게 나누어 보겠다.

1. 월드와이드웹(WWW 또는 Web)은 인터넷을 의미하는 가장 널리 알려진 표현이다. 표준 프로토콜(HyperText Transfer Protocol, HTTP)을 통해 접속 가능한 문서를 보유한 인터넷에 연결된 컴퓨터들의 총 집합을 의미한다. 웹의 창조자인 컴퓨터 공학자 팀 버너스-리Tim Berners-Lee는 인터넷을 "네트워크 접속이 가능한 정보의 세계, 인간 지식의 구현체"라고 규정했다.[4] 인터넷은 1990년 서로 다른 연구소에서 일하던 고에너지 물리학자들이 그 분야의 정보를 교환하기 위해 만들어졌다. 하지만 곧 다른 분야로 신속히 전파되었고, 이제는 모든 주제를 포괄하고 있으며, 전 세계 모든 곳의 컴퓨터 사용자들의 멀티미디어 대화를 위한 장치 역할을 하고 있다. 인터넷의 다양한 기능 중에는 백과사전, 파일 보관, 목록 분류, 전화 번호 목록, 광고, 자가 출판, 게임, 뉴스, 보고, 창작 활동, 모든 종류의 상업적 업무 거래 등이 포함되어 있고, 영화와 다양한 엔터테인먼트 기능은 발전 과정에 있다.

2. 전자 메일 혹은 이메일은 컴퓨터 시스템을 이용해 사용자들 간에 메시지를 교환하는 활동이다. 이제는 (챗그룹 사이에 보내는 메시지와는 달리) 주로 개인 우편함 간에 왕래되는 메시지를 의미한다. 웹상의 수십억 페이지와 비교할 때 이메일이 인터넷 "공간"에서 차지하는 영역은 비교적 작지만, 일상의 사용자들이 사용하는 빈도수를 기준으로 한다면 이메일은 웹을 크게 능가한다. 존 노톤John Naughton은 이렇게 말했다. "넷은 전자 메일 위에 구축되었다… 메일은 이 시스템의 윤활유

역할을 한다."[5] 전자 메일은 너무도 다양한 특성을 가지고 있으며, 다양한 길이와 목적의 개인 혹은 단체의 메시지로 이루어져 있다.

3. **챗그룹**은 일정 주제에 대해 지속적인 논의를 한다. 특정 인터넷 사이트의 "방" 안에 만들어지고, 주제에 관심 있는 사용자들이 참여한다. 대화가 실시간으로 (동시적으로) 이루어지는지, 시간대의 차이를 두고 (비동시적으로) 이루어지는지에 따라 두 가지 상황이 있을 수 있다. 실시간 채팅에서는 사용자가 챗방으로 들어가 계속적으로 스크롤되는 스크린에 뜨는 다른 참여자들의 메시지 사이에 자신의 메시지를 삽입하면서 진행 중인 대화에 참여할 수 있다. 비동시적 상황에서는 상호 작용이 일정한 포맷에 저장되고 내용은 사용자의 요구에 따라 전달되기 때문에, 참여자는 상당한 시간이 흐른 뒤에라도 언제든지 토론을 따라 잡을 수 있고 혹은 덧붙일 수 있다. 이 기술은 "멀티유저 도메인"이라는 형식을 띠는데, 참여자들이 텍스트에 기반한 ("던전 앤 드레곤" 같은 종류의) 판타지 게임을 즐기거나, 실제 상황으로 가장한 다양한 역할극 시나리오에 참여할 수 있는 가상의 세계를(사업이나 교육 등을 예로 들 수 있다) 건설할 수 있는 상상의 환경이다.

이 세 가지 상황들은 상호 배타적인 것이 아니다. 세 가지 기능이 모두 결합되거나 하나의 상황이 다른 상황 안에서 사용되는 사이트도 얼마든지 찾을 수 있다. 예를 들어, 많은 웹

사이트들은 토론 그룹과 이메일 링크를 가지고 있다. 이메일이 웹 첨부 파일을 포함한 경우도 많다. 인터넷 세계는 대단히 유동적인 곳이다. 사용자들이 표현의 가능성을 탐구하고, 여러 가지 요소의 새로운 조합을 도입하고, 기술적 발전에 반응한다. 그러나 한 가지는 분명하다. 이 세 가지 기능이 각기 다른 방식으로, 기호론적 상황과는 근본적으로 다른 방식으로 우리의 소통 능력을 촉진하거나 제한한다는 것이다. 문어나 구어와 결부된 기대와 관습은 더 이상 통용되지 않으며, 새로운 기회가 부상한다. 그 결과 사람들은 자신들이 이용할 수 있는 소통적 가능성을 움켜쥐어야 함을 알게 되며, 여기에 한 가지 문제에 봉착한다. 이메일을 통해 어떻게 소통하고 챗그룹에서 어떻게 어울리는지, 어떻게 좋은 웹페이지를 만들 것인지에 관한 규칙을 배워야 한다는 점이다. 하지만 세계적으로 합의된, 수세대에 걸쳐 이루어진 행동 모델이라는 의미에서 규칙이 없다고도 할 수 있다. 이는 종이를 기반으로 하는 소통과는 명확한 대비를 보인다. 예를 들어, 편지 쓰기는 학교에서 방법을 배운다. 편지를 어떻게 써야 하는지에 대한 널리 인식된 합의가 있기 때문이다. 지침서의 권고에 의거해 우리는 확실함을 느끼게 된다. 그러나 합의된 지침은 넷스피크에서는 아직 존재하지 않는다. 오래지 않아 넷스피크의 관습에 대해 학교에서 공식적으로 배우게 될 것이다. 한편, 우리가 메시지를 잘못 작성했음을 알리는 첫 암시는 상대에게 불쾌한 응답을 받을 때 드러난다.

인터넷은 전자적이고, 범지구적이며, 상호 작용적 매체이다. 그리고 이와 같은 각 특징들은 인터넷에서 통용되는 언어에 영향을 미친다. 가장 근본적인 영향을 미치는 것은 인터넷의 전자적 특징이다. 분명한 것은 사용자의 소통을 위한 선택이 인터넷 접속에 필요한 하드웨어의 특성에 제약을 받는다는 것이다. 따라서 하나의 키보드가 가지는 일련의 특성들은 언어적 생산 능력(전송할 수 있는 정보의 형식)을 규정한다. 또 스크린의 크기와 설정은 언어적 수용 능력(볼 수 있는 정보의 형식)을 규정한다. 발신자와 수신자 모두는 추가적으로 인터넷 소프트웨어와 그것을 연결하는 하드웨어의 특질에 의해 언어적 제한을 받는다. 따라서 이 매체가 고도로 촉진할 수 있는 특정한 전통적 언어 활동과, 그것이 전혀 통제하지 못하는 다른 것들이 존재하게 되는 것이다. 또한 전자적 매체가 허용하는 특정한 언어적 활동이 있는데, 이는 다른 어떤 매체도 성취하지 못한 것이다. 이것이 바로 "혁명"이라는 용어가 적절한 이유이다.

말과는 다른

컴퓨터를 매개로 하는 소통은 말과 다르다. 그것은 이메일처럼 말과 가장 유사한 전자적 상황에서도 마찬가지다. CMC(컴

퓨터를 매개로 한 대화)와 얼굴을 보고 하는 대화(면대면 대화)는
몇 가지 중대한 차이가 있다. 첫째는 기술적 기능인데, 동시적
피드백의 부족이다. 대화의 성공 여부는 상대에게 즉각적인
피드백을 제공하는 참여자에게 달려 있다. 당신이 나에게 말
을 하는 동안 내가 움직이지도 않고 조용히 머물러 있는 것은
아니다. 나의 얼굴과 음성은 당신이 하는 이야기에 대해 지속
적인 논평을 제공하게 된다. 끄덕임과 미소는 '아하,' '그렇
지,' '확실해,' '오,' 등의 광범위한 발성과 함께 계속된다. 듣
는 사람이 보내는 이러한 메시지는 우리의 행동을 반영해 주
고, 우리는 그들에게 본능적이고 즉각적으로 반응한다. 상대
가 어리둥절한 표정을 지으면 한 번 더 설명하고, 의심스러운
듯한 '흠'은 문제를 다시 한 번 생각하게 한다. 이런 것들이 없
다면 대화는 곧 중단되거나, 지독히도 과장되고 부자연스러운
것이 되고 말 것이다. 시각적 단서가 없을 때는 전화상으로 대
화하는 것도 어려운 일이다. 그렇다면 시각적 · 청각적 피드백
이 없는 상태에서 얼굴을 맞대고 대화하는 것이 얼마나 어려
울지 생각해 보라.

하지만 이메일과 챗그룹의 상호 작용은 피드백 없이 진행
된다. 컴퓨터를 통해 전해지는, 완결되고 일방적인 메시지이
다. 우리가 누군가에게 메시지를 보낼 때는 한 번에 한 글자씩
자판에 쳐 넣지만, 상대방의 스크린에 한 글자씩 나타나는 것
은 아니다. 메시지는 "보내기"를 누를 때까지 나의 컴퓨터를
떠나지 않는다. 이것은 메시지 전체가 하나의 단위로서 수신

자의 스크린에 전달되는 것을 의미한다. 메시지를 타이핑 하는 동안에는 수신자가 우리에게 응답할 수 없다. 메시지가 도착할 때까지 수신자는 어떤 메시지를 받게 될지 전혀 알 수 없기 때문이다. 따라서 발신자 역시 메시지를 쓰는 동안 그것이 얼마나 성공적일지 전혀 짐작하지 못한다. 메시지가 잘 이해될지 아니면 뭔가 수정하는 것이 옳을지 말이다. 수신자가 메시지를 받는 동시에 고개를 끄덕이거나 '오오' 라고 말하는 등 실제 대화에서 대단히 중요한 역할을 하는 기타 청각적 · 시각적 반응에 상응하는 전자적 메시지를 보낼 수 있는 기술적 방법은 없다. 메시지는 겹쳐질 수도 없다. 그 결과, 수신자는 텍스트가 나타나기 전까지 기다림의 시간을 경험해야 한다. 그들의 스크린에는 아무것도 없다가 어느 순간 뭔가가 나타난다. "온-오프" 시스템은 2진법의 컴퓨터 세계와는 잘 맞지만 일상 대화의 복합적인 현실과는 너무도 동떨어져 있다. 이러한 요소만으로도 컴퓨터상의 대화는 "현실 세계"의 언어와 완전히 다른 것이 된다.

넷스피크와 실제 대화의 두 번째 큰 차이점은 실시간 챗룸에서 발견된다. 만일 당신이 챗룸에 들어가 특정한 주제에 대해 이러저러한 대화를 나눈다면 당신은 당신의 스크린 위에서 세계 각지에서 온 메시지들을 보게 될 것이다. 만일 서른 명이 대화를 나누고 있다면 당신은 최고 서른 가지의 다른 메시지를 볼 수 있다. 모두가 다양한 의견을 제시할 수 있겠지만 종종 대여섯 개의 하위 대화 그룹으로 뭉치기도 한다. 그것은 마치 온갖 주제의 대화들이 오가는 칵테일파티에 참석한 것과 비슷하다. 물론 파티에서 당신은 그들 모두에게 동시에 관심을 보이면서 참여할 수는 없다. 당신은 챗룸에서 참여를 피할 수 없고, 정신적 능력과 타이핑 기술이 허용하는 한 되도록 많은 주제에 끼어들 수 있다. 인류의 소통의 역사에서 여러 가지 대화에 동시에 참여하는 것은 불가능한 일이었다. 이제 가능한 일이 되었다. 이 역시 말에 관한 한 혁명적 수준의 사건이다.

세 번째 차이점은 기술의 일시적인 제한에서 초래된다. 인터넷에서 상호 작용의 리듬은 대화 상황보다 훨씬 느리다. 그리고 대화의 가장 두드러진 특징들을 허용하지 않는다. 이메일과 비동시적인 챗그룹에서 자극에 대한 반응은 1초가 걸릴 수도 있고 혹은 수개월이 걸릴 수도 있다. 대화의 리듬은 주로 수신자의 컴퓨터(예를 들어, 메시지의 도착을 즉각적으로 알려 주는지), 사용자의 성격과 습관(메시지에 대한 회신을 주기적으로 하는지, 임의적으로 하는지), 대화자의 상황(컴퓨터 접속 여부 등) 등에 좌우된다. 시간의 지연은(보통 래그*lag*라고 칭해진다) 많은 상황에서 중심적 요소이다. 메시지를 보내는 시점과 답을 받는 시점 사이의 시간차가 얼마나 될지에 대해서는 본질적으로 불확실성이 있다. 래그로 인해 상호 작용의 리듬은 (가장 신속한 넷스피크 접속의 경우에도) 전화나 직접 만나 하는 대화에 존재하는 속도와 예측성을 잃게 된다. 만일 참여자가 즉각적으로 답신을 보낸다 해도, 그 메시지가 상대의 스크린에 나타나기까지는 몇 가지 요소 때문에 시간이 걸릴 수 있다. 용량 처리 문제가 있을 수 있고, 호스트 컴퓨터의 통신량, 아니면 발신자나 수신자의 장비가 문제일 수도 있다.

래그 문제는 챗룸 상호 작용을 이전까지 인류가 해 오던 대화와 대단히 다른 것으로 만든다. 통신 사슬의 양쪽에 있는 사람들은 좌절을 느낀다. 발신자의 입장에서는 말을 할 수 있는 적당한 시점을 놓치게 되면, 의도된 시점에서의 참여는 스크롤과 함께 사라지고 참여자들의 공통된 기억에서 후퇴하게 된다. 수신자의 입장에서는 기대된 반응이 오지 않는 것을 애매모호하게 받아들일 수밖에 없는데, 응답이 늦어지는 것이 전달의 문제인지 발신자의 "태도" 문제인지 알 수 없기 때문이다. 전화 통화에서의 예기치 못한 침묵도 유사한 모호함을 유발하지만, 최소한 우리는 상황을 명확히 하기 위한 습관화된 전환법("여보세요?" "듣고 계시나요?")을 알고 있다. 직접 만나서 하는 대화의 언어적 전략을 챗그룹에 적용하기는 힘들다. 콜린이 제인에게 보낸 응답에 아무런 반응이 오지 않았다면, 그것은 제인이 (기술적인 이유로) 콜린의 메시지를 받지 못했을 수도 있고, (많은 이야기들이 동시에 등장하므로) 메시지가 왔음을 알지 못할 수도 있다. 또 아니면 다른 대화에(실제 대화이든 온라인상의 대화이든) 정신이 분산될 수도 있다. 혹은 (여러 가지 이유로) 대화에 끝까지 참여하지 못하거나, 아니면 그냥 반응하고 싶지 않아서일 수도 있다. 마찬가지로, 그녀는 반응을 했을 수도 있지만 그녀의 메시지가 지연되거나 사라져 버릴 수도 있는 것이다. 만일 대답 지연으로 인해 혼란이 생겨도, 그 이유가 무엇인지 알아내기 위해 할 수 있는 일은 거의 없다.

많은 수가 대화에 참여할수록 상황은 더 악화된다. 두 사람 사이의 응답 지연은 신경 거슬리고 모호한 일이 되지만, 그 혼란은 대부분 처리할 수 있는 수준이다. 각자 한 사람의 상대만 신경 쓰면 되기 때문이다. 만일 단순히 이메일에 대한 답이 오래 지연된다면 전화나 팩스를 통한 피드백이 쉽게 행해질 수 있다. 그러나 챗그룹, 가상 세계, 다량으로 발송된 이메일, 여러 사람이 참여하는 전자 대화에서는 래그가 전혀 다른 종류의 문제를 유발한다. 얼굴을 마주보고 행해지는 전통적인 대화의 핵심적인 특징 — 즉, 대화의 순서 — 과 충돌하기 때문이다. 발화 순서는 성공적인 대화를 위한 너무도 본질적인 특성이기 때문에 대부분의 사람들은 그 중요성을 의식하지 못할 정도이다. 그러나 사람들이 차례로 이야기한다는 관례를 따르는 것, 동시에 말하거나 간헐적이건 집중적이건 남의 말을 방해하는 행위를 피하는 것은 대화의 피할 수 없는 현실이다. 더욱이 이들은 "적절한 호응"을 기대한다. 질문을 하고 대답이 나오는 것이지 그 반대는 아니다. 마찬가지로 정보가 나오면 그것을 인정하는 반응도 있게 된다. 불만이 제기되면 해명이나 사과를 하게 된다. 이와 같은 기본적인 전략들은 매우 일찍부터 학습되는 것으로 최소한의 정상적 대화를 가능하게 해준다.

긴 래그가 있을 때 대화 상황은 너무나 이상해져 주제를 처리하는 능력이 파괴된다. 이것은 스크린에 나타나듯 대화 순서가 참여자가 아닌 소프트웨어에 의해 지시되기 때문이다. 예를 들어, 챗그룹에서는 우리가 누군가의 말이 끝나기 전에 반응을 보낸다 하더라도 그 반응은 겹치지 않는 일련의 발화가 되어 보낸 신호가 호스트 서버에 접수되는 시점에 따라 순서대로 스크린에 나타날 것이다. 메시지는 시스템에 접수되는 순서대로 수신자의 스크린에 줄을 지어 나타난다. 멀티유저 환경에서는 언제나 각각 다른 래그를 가진 메시지들이 다양한 곳에서 도착한다. 발신자와 수신자 사이의 정보 패킷들이 지구상의 각각 다른 루트를 통해 전해지는 방식 때문에 순서가 뒤바뀌는 현상도, 예측할 수 없는 겹치기 현상도 가능하다. 참여자들의 시간 프레임도 일치하지 않는다. 루시가 한 가지 질문을 한다. 수가 그것을 받고 답을 보낸다. 그러나 벤의 스크린에는 질문보다 답이 먼저 보인다. 혹은, 루시가 질문을 보내고 수가 대답을 하고, 루시가 다른 질문을 보내지만, 벤의 스크린에는 첫 번째 질문에 대한 수의 대답보다 두 번째 질문이 먼저 도착한다. 만일 수가(혹은 다른 그 누구라도) 다른 두 사람에게 받은 질문에 대해 함께 답을 전송한다면, 상황은 더 복잡해질 수 있다. 한편, 대화 내용을 복사해 두었다가 참여하는 스티브는 사무실 밖에 있다. 그리고 다음날 다른 메시지들이 도착하고 난 뒤 답장을 쓴다. 참여 순서가 혼란스럽고 적절한 호응이 방해 받고 있다면 모든 것이 뒤죽박죽 될 가능성은 엄청나게 높다. 놀라운 사실은 익숙한 참여자들은 일어나는 혼란 상황을 잘 견딘다는(사실상 즐긴다는) 것이다.

　피드백과 순서 배정 방식은 컴퓨터를 매개로 한 상호 작용을 기존의 대화와 차별화시킨다. 그러나 말과는 달리 매체의 문어적인 특징을 존중한다. 너무나 기본적인 특징이라 "말하는 것처럼 글을 써야" 한다고 권고하는 것도 매우 어려운 일이다. 이 특징들 중 주가 되는 것은 어조의 영역이다. 피치(억양), 크기(강세), 스피드, 리듬, 포즈 등과 같은 기타 음성적 변화에 의해 표현되는 어조는 "말하는 내용이 아니라 말하는 방법이다." 스크린 상에서는 어조를 표현하기 위한 필사적인 노력이 이루어지고 있다. 과장된 철자법과 구두점, 대문자 사용, 공간 배치와 강조를 위한 특수 부호 사용 등이 그것이다. 예를 들면, 같은 글자의 반복(*aaaahhhh, soooo*), 구두점의 반복(*whohe???, hey!!!*), *the *real* point* 에서와 같이 강조를 표현하는 방법이다. 이러한 특징은 특정한 표현을 가능하게 하지만, 이들이 표현하는 의미의 폭은 크지 않으며, 특별한 강조나, 놀라움, 당황 등과 같은 전체적인 개념에 제한된다. 과장이 덜한 어조는 이런 식으로 전달할 수 없다.

　이와 관련해 보면 넷스피크가 부족한 부분은 얼굴 표정과, 제스처, 신체적 자세의 습관들로, 개인의 의견과 태도를 표현하는데, 그리고 대인관계를 부드럽게 하는데 너무도 중요한 요소들이다. 이러한 한계는 넷스피크의 발달 초기부터 거론되었고, 이로부터 스마일리[얼굴 기호]나 **이모티콘**들이 생겨나게 된 것이다. 키보드 글자들을 조합해 표정을 나타낸다. 다음 두

가지 기본 형식은 긍정적 태도와 부정적 태도를 각각 표현한
다("코" 부분을 생략하는 것은 타이핑의 편리함이나 개인적 취향에 따
라 달라진다).

       : -) 혹은 :)　　　　: - (혹은 : (

    수백 가지의 유희적인 모양과 조합이 만들어져 스마일리
리스트에 올랐다. 그중 어떤 것은 대단히 천재적이고 예술적
인 것도 있지만, 대부분 심각한 대화에는 사용하기 힘들다. 이
기호가 도움이 되는 것은 확실하지만, 얼굴 표정의 가장 기본
적인 특징만을 잡아내는 대단히 조잡한 방식일 뿐이다. 이것
들은 발화자의 의도에 대한 전체적 오해를 방지할 수 있지만,
개인적인 얼굴 기호는 여전히 수많은 해석(행복, 공감, 동감, 좋은
기분, 기쁨, 즐거움 등)을 가능하게 한다. 이것들은 오로지 직접적
인 문맥에 의지함으로써 명확해질 수 있는 것들이다. 더욱이,
주의를 기울이지 않을 경우 오해로 이어진다. 화난 것이 분명
한 메시지에 미소를 덧붙임으로써 "불꽃"의 위력을 낮추기보
다 강화시킬 수 있다. 미소가 오해를 사는 것은 흔히 경험하는
일이다.

    스마일리 기호가 모든 이메일과 채팅에 등장한다는 사실
은 사용자들이 사용하는 매체의 비언어적인 특성을 암시한다.
스마일리는 문어가 구어의 짐을 운반할 때 발생하는 모호함과
오해를 피하기 위한 방식으로 발전해 왔다. 이것은 과감한 도

전이지만, 일반적으로 넷스피크는 표정을 표현할 수 있는 진정한 능력이 부족하다. 그리고 이러한 점은 어조를 표현하지 못한다는 약점과 더불어 구어와의 간격을 더욱 크게 벌리고 있다. 언젠가 기술 발전이 우리로 하여금 상대방이 말하는 것을 보고 듣게 해줄 것이고, 그러면 한계 중 일부는 사라질 것이다. 그러나 전자 매체의 특징은 여전히 존재할 것이며, 전통적 대화가 할 수 없었던 새로운 방식으로 언어 사용을 가능하게 해줄 것이다.

글과는 다른

만일 넷스피크가 우리가 말에서 기대하는 특징들을 구현하지 못한다면, 글에서 기대하는 특징들은 표현해 주는가? 여기에서 근본적인 차이가 존재한다. 먼저 전통적 글쓰기의 공간적 제약에 대해 생각해 보자. 하나의 텍스트는 정지되어 있고 그 페이지에 영구적으로 남게 된다. 만일 어떤 내용을 반복해서 찾아본다면, 동일한 텍스트와 계속 만나는 셈이 된다. 특정 페이지를 펼쳤는데, 글자 모양에 어떤 식으로든 변화가 있다면 우리는 매우 놀랄 것이다. 이렇게 정리해 보니, 컴퓨터 매개 통신은 모든 의미에서 기존의 글쓰기와는 다르다는 것을 잘 알 수 있다. 웹상의 한 "페이지"는 몇 가지 그럴듯한 이유로 볼 때마다 변한다. (심지어 페이지 소유자가 받아들이지 않기로 결정하더라도 페이지는 변환 옵션을 가지고 있다). 실질적 내용이 업데이트 되었을 수도 있고, 광고주가 바뀌었거나 그래픽 디자이너가 새로운 특성을 첨가했을 수도 있다. 여러분이 보는 글 자체도 반드시 정적인 것은 아니다. 텍스트를 스크린 위에서 이리저리 움직이게 하거나, 사라지게 했다가 다시 나타나게 하고, 색상을 바꾸는 등 사용 가능한 기술적 옵션들이 있기 때문이다. 사용자의 입장에서 보면, 모든 종류의 텍스트에 기존 글쓰기에서는 불가능한 방식으로 "개입"할 기회가 있다. 한 페이지가 사용자의 컴퓨터에 다운로드 되면, 그것의 텍스트를 잘라내거나 덧붙이거나 수정하거나 주를 달고 전체적으로 재구성할 수도 있는데, 결과적으로 원텍스트와 같은 소스에서 나온 것처럼 보일 수 있다. 이러한 가능성은 소유권, 저작권, 위조 등과 관련해 적잖은 우려를 유발한다.

또 다른 인터넷 상황을 살펴보면 공간적 제약이라는 측면에서 기존의 글쓰기와는 다른 차이점을 보여 준다. 이메일은 원리상 정적이고 영구적이지만, 주기적인 삭제가 행해지도록 되어 있다(그것은 관리 시스템의 중요한 옵션이다). 그리고 메시지를 전자적으로 변경하는 것은 쉽기도 하고 잘 포착되지도 않는데, 이것은 문서에 적힌 메시지의 경우 불가능한 일이다. 이메일에서 혁명적인 점은 매체가 프레이밍*framing*을 허용하는 방식이다. 가령 우리가 M에게서 한 문단에 세 가지 요점을 포함하고 있는 메시지를 받는다고 하자. 우리는 원한다면 그 문장을 세 개로 나누어 각각의 요점에 대해 답변을 해줄 수 있다. 따라서 우리가 M에게 보내는 답신은 어느 면에서 희곡의 대화처럼 보일 수도 있다. 그리고 나서 M도 같은 방식으로 답을 한다면, 우리는 그것이 우리가 보낸 메시지의 답신임을 알게 된다. 우리는 이 내용을 다른 사람에게 보내 의견을 물을 수도 있고, 그것이 되돌아오면 이제 세 가지 의견이 스크린 위에 나열되게 된다. 메일은 이런 식으로 계속 오갈 수 있다. 대답 안에 대답이 있고, 그 안에 또 대답이 있다. 그리고 이 답들은 같은 스크린 조판 체제에 놓이게 된다. 글을 통한 대화의 역사에서 이는 사상 초유의 일이다. 비록 원칙적으로 편지를 받은 후 그것을 줄대로 잘라 그사이에 우리의 답변을 삽입한 후 다른 종이에 붙여 발신인에게 다시 부치는 것이 가능할 수도 있지만, 이것은 정상적인 행동으로 여겨지지 않는다. 그러나 우리는 이메일을 사용하면서 (일단 여기에 익숙해진 이상) 두 번 생각지도 않고 이와 같은 일을 계속한다.

컴퓨터 매개 통신의 다른 특징들을 살펴보면, 기존의 글쓰기를 통한 소통과 다른 점을 추가로 발견할 수 있다. 아마도 빼놓을 수 없는 것은 하이퍼텍스트 링크일 것이다. 이것은 사용자들이 어느 페이지나 사이트에 있다가 다른 곳으로 옮기고 싶을 때 사용하는 일종의 도약이다. 하이퍼텍스트 링크는 웹의 가장 기본적인 기능적 특징이다. 이것이 없다면 인터넷이라는 매체는 존재할 수 없을 것이다. 전통적인 일부 문서 텍스트도 유사점은 있다. 주석 표시의 사용은 원시적인 하이퍼텍스트 링크라고 볼 수 있다. (만일 이 책에서처럼 주석을 책 뒤에 모은다면) 어떤 페이지를 보다가 다른 페이지를 넘겨보게 되기 때문이다. 한 문장 안에 참고 문헌이나 전후 참조("333쪽 참조" 등과 같은)의 사용은 독자로 하여금 줄 따라 글을 읽어 내려가는 습관에서 벗어나게 한다. 하지만 이런 특징들은 기존의 문서에서는 극히 부분적이다. 주석이 없거나 전후 참조가 없는 텍스트들도 무수히 많다. 팀 버너스-리가 이렇게 말한 적이 있다. "하이퍼텍스트 안에서의 자유로운 발화는 '링크할 권리'를 내포한다. 이것이 바로 전체 웹의 기본적인 구성 요소이다."[6] 이는 웹 하이퍼텍스트 링크의 역동적인 유연성 및 중심성과는 거리가 먼 기존의 문어적 언어에서는 존재하지 않는 것들이다.

전통적인 문어적 언어의 몇몇 다른 특성들도 넷스피크와의 모호한 관련성을 보여 주지만, "혁명적"이라는 범주에 넣기에는 힘들다. 신속히 대화해야 한다는 압박이 강한 이메일과 챗그룹 대화는 대부분의 문서에서 볼 수 있는 주의 깊게 계획된, 정성들인 문장 구성이 부족하다. 극단적인 경우, 혁명이 일어나고 있다고 충분히 여길 만하다. 사람들은 간혹 문장 수정을 거의 하지 않고도 기꺼이 메시지를 보내고, 오타가 나도 그리 신경 쓰지 않는다. 불규칙하게 대문자를 사용하고, 구두점을 빠트리는 것을 비롯해 비정상적인 글쓰기가 이어진다. 하지만 이것은 사실 이해에는 별다른 지장을 주지 않기 때문에 여파가 크지 않다. 이것은 사용자들에게 작용하는 압박에

서 유발되는 공공연하고 독특한 스타일이다. 여기에 개성적이
고 대담해지고 싶은 (특히 젊은이들, 혹은 젊은이다운 마음을 가진
사용자들의) 본질적인 욕망이 더해진다. 수용도 같은 방식으로
이루어진다. 만일 내가 M으로부터 메일을 받았는데 그 메일
에 오타가 있다 해도 나는 M이 철자를 모른다고 생각하지 않
는다. 단지 그가 타자에 서툴거나 바빴을 거라고 짐작한다. 나
도 바쁠 때는 그와 같은 실수를 하기 때문에 상황을 잘 이해하
고 있다. 여기에는 진정한 혁명이라고 할 만한 것이 없다. 그
리고 어쨌든 세계적으로 공통적인 행동도 아니다. 아직도 많
은 사람들이 이메일을 쓸 때 마치 인터넷 사용 환경이 아닌 경
우에 글을 쓰는 것과 같은 노력을 기울여 문장을 수정한다.

전체적으로, 넷스피크는 글로 적은 구어보다는 말에 가까운
문어로 여기는 것이 타당하다. 그러나 전통적인 이분법적 의
미에서 질문을 던지는 것 자체가 잘못된 것이다. 컴퓨터 매개
통신은 말과 글 어느 쪽으로도 정체성을 가질 수 없지만, 선택
적으로 또 적용하기에 따라, 양쪽의 특성을 모두 보인다. 말과
글이 모두 할 수 없는 일을 하기도 하며, 우리에게 정보 관리
라는 새로운 문제를 제기한다. 예를 들어, 챗룸에서 대화 메시
지의 **지속성**에 대해 생각해 보자. 메시지가 스크린 상에 일정
시간 동안 머무른다는(다른 메시지들이 계속 자리를 채우거나 스크
롤을 통해 시야에서 사라지기 전까지) 사실에 대해서 말이다. 이것
은 분명히 말로 하지 않는 상호 작용에 새로운 특성을 도입한

다. 예를 들어, 누군가 이미 몇 마디 오간 대화에 참여해도 앞서 오간 대화를 볼 수 있고, 그에 대해서 생각하고 반응할 수 있다는 의미이다. 지속성은 비교적 짧은 시간 동안 유지되지만, 이것은 전통적인 글쓰기와 비교했을 때 그렇다는 뜻이다. 또한 컴퓨터는 모든 메시지를 서버에서 받는 순서대로 저장하고 보여 주기 때문에 기본적으로 이전의 대화를 검색하거나 특정 주제에 대해 찾아보는 것이 가능하다. (기록되지 않은) 즉흥적인 대화나 전통적인 책의 색인으로는 불가능한 일이다.

넷스피크는 구어와 문어적 특징의 결합 그 이상이다. 구어와 문어가 하지 못한 일들을 해내기 때문에 이것은 소통의 새로운 종으로 받아들여져야 한다. 말하기와 글쓰기의 혼종, 혹은 유구한 역사를 가진 두 개의 매체가 접촉한 결과를 능가한다. 모든 종류의 전자적 텍스트는 단순히 다른 종류의 텍스트와는 다르다. 이것들은 유동성과 동시성(제한 없이 많은 수의 컴퓨터상에 나타날 수 있는), 복사를 하더라도 품질이 떨어지지 않는다는 특징을 가지고 있다. 이것들은 텍스드 진달에 있이서의 전통적인 한계를 뛰어넘으며, (한 텍스트가 다른 것과 통합되고, 다른 문서와 연결되는 것을 표현하는 방식 때문에) 경계에서 자유롭다. 이러한 몇 가지 특징들은 언어와 관련된 귀결점을 가지고 있으며, 이것들이 말, 글과 관련되어 넷스피크를 진정한 "신매체"로 만들고 있다.

언어 내부에서 새로운 매체의 귀결점

새로운 통신 매체의 언어적인 작용은 두 가지로 나눌 수 있다. 그 매체를 사용하는 언어의 형식적 특성에 변화를 주도한다는 것과, 언어에 새로운 기회를 제공한다는 것이다. 두 가지 중 첫 번째가 인터넷 상에서 사용되는 언어와 관련해서, 그리고 이동 전화를 포함한 통신 기술과 관련해서 많은 관심을 집중시킨 부분이다. 전통적인 문어체 언어 규칙을 존중하지 않는다는 사실이 일부 관찰자들을 놀라게 했다. 사람들은 이러한 발전에서 하향 표준화라는 불길한 조짐을 읽었다. 특히 텍스트 메시지에서 많은 문제점들이 발견되고 있다. 앞으로는 아이들이 더 이상 바른 철자법을 알지 못할 것이라는 우려도 들린다. 그러나 젊은이들이 텍스트 메시지에서 글자 맞추기를 활용해 단어를 축약하고(*b4, CUl8er*), 머리글자를 사용하거나(*afaik* 'as far as I know', *imho* 'in my humble opinion'), 철자를 새로 만드는(*thx* 'thanks') 일은 그리 새로울 것도 중대할 것도 없다. 사람들은 수세기 동안 약어를 사용해 왔고(*ttfn, asap, fyi*), 글자 맞추기 게임은 잡지나 신문의 단어 퍼즐에서 얼마든지 찾아볼 수 있다. 축약어들도 모두 모아봐야 몇 백 개를 넘지 않을 것이고, 그중 일부는 흔히 사용되는 것들이다. 그리고 이것들은 160글자라는 제한을 가진 스크린 상에서 경제적인 메시지 입력을 위해 고안된 것이기 때문에 다른 곳에서 사용될 만한 동기는 거의 없다. 이것들이 이동 전화나 컴퓨터와 같은 통신 기술을 떠나서 사용된다면 "쿨한" 집단 정체성을 나타내는 기능을 상실할 것이다. 일부 아이들이 글쓰기 수업 같이 적합하지 않은 상황에서 축약어를 사용할 수 있다는 사실에는 물론 주의를 기울여야 한다. 그러나 이 때문에 교육이 필요한 것이다. 외국어건 모국어건 관계없이 아이들에게 언어적 책임성과 적합성을 심어주는 것은 현대 언어 교육의 오랜 원칙이다. 축약어 형식은 공간적 제한이 있거나 속도가 중요한 상황에서 유용하게 사용될 수 있지만 그 외의 장소에서는 적합하지 않다는 사실에 대해 아이들이 스스로 통찰력을 가지지 못한다면, 교육이 필요한 것이다.

이 점은 어린이뿐 아니라 성인들이 이메일에서 사용하는 글쓰기 체계의 변화에도 적용된다. 많은 사람들이, 사실상 글꼴의 대비 효과가 전혀 없는, 심하게 축소된 체계를 사용한다. 여기에는 세 가지 주요 특징이 있다. 대문자의 위치가 크게 변화했다. 대부분의 인터넷이 대소문자 구분에 민감하지 않기 때문에 대문자를 임의로 사용하거나 아예 사용하지 않는 경우가 많아졌다. 대부분 소문자를 사용하는 추세이다. "경제적인 자판 입력" 원칙은 이메일, 챗그룹, 가상 세계에서 광범위하게 찾아볼 수 있는데, 새로운 문장의 시작이나 이름을 표현할 때 대문자 사용을 생략하는 경향이 있다. 구두점 또한 최소한으로 사용되며, 이메일이나 챗 대화에서는 완전히 생략되기도 한다. 이 역시 개인적인 취향이 크게 좌우한다. 일부 사용자들은 전통적인 구두점을 세심하게 지키기도 하며, 어떤 사람들은 규칙에 따라, 혹은 모호함을 피하기 위해 사용하며, 또 전혀 사용하지 않는 이들도 있는데, 타자의 속도 때문이거나 구두점 생략이 모호함을 유발한다는 것을 의식하지 못하는 것이 이유가 되기도 한다. **철자법도** 눈에 띄는 부분이다. 영어에서는 영국식보다 미국식 철자가 일반화되었는데, 역사적 이유(혹은 인터넷의 유래와 관련된 이유)도 있고, 미국식 철자가 영국식보다 대체로 간편하다는(*color-colour, fetus-foetus* 등) 경제적 이유도 있다. 표준에서 벗어나는 철자는 (최소한 18세기 이후부터) 기존의 글쓰기에서는 크게 잘못된 것으로 간주되었지만, 이제는 대화체에서 아무런 제한 없이 사용되고 있다. 앞서 예를 들었듯이, 이메일의 오자는 (비록 교육을 덜 받은 사람의 경우라도) 교육을 제대로 받지 못했음이 아니라 부정확한 타자 기술의 결과로 간주된다.

나는 이러한 전개 양상을 지금 인터넷 상에서 이루어지고 있는 언어 표현 범위의 확장으로 해석한다. 새로운 양식이 도입되고 있는 것이다. 이것은 혁명적인 통신 기술의 도입 후 언제나 일어났던 일이다. 인쇄술이 발명되었을 때 혁신적인 레이아웃 방식과 구두점의 사용, 철자법의 점차적인 표준화 등 문어의 새로운 현상들이 나타났다. 전화가 발명되자 새로운 대화 관습(여보세요라고 말하는 것, 숫자를 구체적으로 설명하고 확인하는 것 등)이 만들어졌다. 방송이 시작된 후 구어는 크게 다양화되어 오늘날 기상 예보에서 스포츠 해설까지 형식적인 발전이 있었다. 지금 인터넷에서도 같은 일이 벌어지고 있다. 이 기술은 시작부터 새로운 종류의 표현을 추동했다. 그리고 소문자 디폴트 값을 보면 대문자가 강조를 위해 사용되고 있음을 알 수 있다. 대문자로만 이루어진 메시지는 "고함지르기"로 여겨지며, 보통 잘 사용되지 않는다. 대문자로 쓴 단어는 추가로 강조한다는 의미이다(별표나 스페이스도 마찬가지).

This is a VERY important point.

This is a *very* important point.

This is a v e r y important point.

인터넷 글쓰기에서 눈에 띄는 또 다른 특징은 두 개의 대문자가 함께 사용되는 것으로(하나는 처음에, 하나는 중간에), 이중 대문자 사용(BiCaps)으로 불리는 현상이다. 예를 들면, AltaVista, PeaceNet, CompuServe 등이 있고, 더 복잡한 것으로는 QuarkXPress를 예로 들 수 있다. 또 예전의 구두점 체계에서는 잘 사용되지 않던, #과 같은 기호들이 등장하고 구두점들의 특이한 결합이 눈에 띄기 시작했는데, 포즈pause를 표현하기 위한 생략 부호(. . .)가 자주 나타나고, 하이픈의 반복(---)이나 쉼표의 반복(,,,) 등이 그것이다. 강조와 기분은 !!!!!!!나 £$£$%!와 같이 구두점의 과장되거나 임의적인 사용으로 표현한다.

신조어들 역시 온라인 언어로 편입되고 있는데, 이는 영어가 전 세계적으로 사용되면서 초래된 현상이다. 인터넷이라는 제한된 상황, 운용, 활동, 사용자 등을 표현하는 데 필요한 많은 수의 어휘와 구들이 등장했고, 이는 인터넷을 현대 영어의 가장 창조적인 어휘 생산의 장으로 만들었다. 그리고 이와 유사한 현상은 온라인에 자주 등장하는 기타 언어에서도 일어나고 있다. 수많은 용어들이 인터넷 사용을 가능하게 해준 소프트웨어와 연관되어 있으며, 주기적으로 스크린에 나타난다. 일부는 라벨의 형식으로 스크린의 구역과 기능을 지시하거나 사용자 옵션과 명령어를 명시하기 위해(비록 숨겨진 메뉴에서지만) 영구적으로 사용되기도 한다. 그 예로는 *file, edit, view, insert, paste, format, tools, window, help, search, refresh, address, history, stop, contact, top, back, forward, home, send, save, open, close, select, toolbars, fonts, options* 등이다. 몇몇 용어들은 환경에 따라 시간적 간격을 두고 나타난다. 보통은 뭔가 잘못되었을 때(모든 것이 제대로 작동되고 있음을 나타내는 긍정적인 메시지는 없는 듯하다) 에러 메시지의 형태를 취한다. *forbidden, illegal operation, error, not found, 404 error*("페이지나 사이트가 더 이상 존재하지 않는다") 등이다. 그런가 하면 *freeze, lock, down, hang, crash, bomb, client*(사용자가 아니라 기계를 의미) 등의 용어들은 하드웨어와 관련이 있다. 또 사용자 자신을 의미하는 용어들도 있다. *netizens, netters, netties, netheads, cyber-surfers, nerds, newbies, surfers, digiterati.* 이와 같은 많은 표현들이 인터넷 상의 맥락에서 새로운 의미를 부여받아 일상적으로 사용된다.

가장 흔한 인터넷 신조어 창조 방식은 두 개의 다른 단어를 조합해 새로운 의미나 복합적 의미를 만들어 내는 것이다. 단어 구성 요소 중 반복적으로 나타나는 것들도 있는데, 예를 들면 *click-and-buy, one-click, cost-per-click, double-click, clickthrough rate* 등에서 나타나는 click이다. 유사한 기능을 하는 것으로 *cyber-, hyper-* 등이 있는데, *cyberspace, cyberlawyer, cybersex, cybersquatter, cyberian, cyber rights, hypertext, hyperlink, hyperfiction, hyperzine* 등을 예로 들 수 있다. 한 단어의 일부가 다른 단어의 일부와 혼합된 용어를 예로 들면 *netiquette, infonet, datagram, infobahn, Internaut* 등이 있다. 혁신적인 것은 *net.legend, net.abuse, net.citizen*이나 alt.로 시작되는 사이트처럼 특정 무리의 전자 주소에서 발견되는 일종의 삽입사로서의 마침표이다. (마침표는 주로 'dot'으로 발음한다.) 두문자어는 매우 쉽게 찾아볼 수 있다. 간단한 예를 들면, *BBS* (bulletin board system), *BCC* (blind carbon copy), *DNS* (domain name system), *HTML* (hypertext markup language), *ISP* (Internet Service Provider), *URL* (uniform resource locator) 등과 기업이나 사이트를 칭하는 *AOL, IBM, IRC* 등이 있고, 문자와 숫자의 결합인 *W3C* (World Wide Web Consortium), *P3P* (Platform for Privacy Preferences), *Go2Net* 가 있다.

이것들이 다른 언어적 상황에서 사람들의 말을 통해 모습을 드러내기 시작하면, 그것은 새로운 종류의 표현이 "생겨났다"는 확실한 신호이다. 대부분의 사람들이 이 매체를 사용하게 된 것은 불과 몇 십 년 정도밖에 되지 않았음을 고려할 때, 넷스피크가 컴퓨터를 매개로 하는 대화 상황 바깥에서 이미 사용되기 시작했음에 주목하는 것은 따라서 상당히 흥미로운 일이다. 일상의 대화에서 자신의 말에 촌철살인의 날카로움을 담고자 하는 사람들은 컴퓨터 기술을 바탕으로 한 용어들을 새롭게 활용하기 시작했다. 최근에 들은 대화에서는 다음과 같은 표현들이 있었다. 이제 내가 다운로드할 차례다(내가 너의 잡담을 다 들어주었으니 이제 내 이야기를 들어줄 차례), 이 문제를 해결하기 위해서는 더 넓은 대역폭이 필요해(지금 한꺼번에 해결할 수는 없어), 프로그램 잘 쫓아가(처지지 마), 그녀는 멀티태스킹이야(그녀는 여러 가지 일들을 한꺼번에 해) 등이다. 언론 매체에 대한 반응은 라디오와 텔레비전에서 일반적인 것이 되었다. 사회자는 청취자나 시청자에게 프로그램에 연락을 취하는 방법을 알려줄 때 보통 at, dot, forward, slash 등의 표현을 사용해 온라인 주소를 말한다. 닷컴은 이제 어디서나 쉽게 들을 수 있고, 모든 종류의 광고나 홍보 책자에서 흔히 볼 수 있는 말이 되었다. 그리고 e- 접두사는 *e-text, e-zine, e-cash, e-government, e-bandwagon, e-books, e-conference, e-voting* 등과 같이 수천 가지 표현에서 등장한다. 1998년 미국방언협회는 e-를 "올해의 단어"(물론 단어는 아니지만)와 "가장 유용하고 가장 성공 가능성이 높은 표현"으로 선정했다.

21세기 영어에서 이와 같은 사례들이 얼마나 많이, 영구적으로 지속될 지는 예상하기 힘들다. 다른 언어로 운용되는 인터넷도 상황은 같다. 우리는 언어의 변화를 예측할 수 없으며, 일어난 일에 대해 받아들일 수 있을 뿐이다. 하지만 이미 분명해진 것은 1990년대 이후 넷스피크의 개념이 진화하기 시작하면서 대중의 언어적 의식의 일부로 자리 잡았고, 강력한 언어적 태도를 이끌어 냈다는 점이다. 이 현상은 21세기가 전개되면서 강화될 수밖에 없을 것이다.

새로운 매체가 가져온 결과: 모든 언어에 대해

인터넷이 혁명적 지위를 누리는 데는 또 다른 이유가 있다. 인터넷은 컴퓨터 기술을 갖게 된 모든 공동체에 언어의 무대를 제공해 준다는 것이다. 순전히 영어의 매체로서 등장했지만, 오래지 않아 점점 복수 언어적인 특성이 증가하고 있다는 것이 가장 주목할 만하다. 아카예프 키르기스스탄 대통령의 8살난 아들의 일화는 유명하다. 하루는 아버지에게 영어를 배워야겠다고 말했는데, 이유를 묻자 이렇게 대답했다. "왜냐하면, 아빠, 컴퓨터가 영어로 말하니까요."

많은 사람들에게 있어 인터넷의 언어는 영어이다. 1996년에 『뉴욕타임즈』 헤드라인에는 다음과 같은 제목이 눈길을 끌었다. "World, Wide, Web: 세 개의 영어 단어." 그 기사는 다음과 같이 말하고 있다. "만일 인터넷을 충분히 활용하고 싶다면 진정한 방법은 오직 하나이다. 그것은 영어를 배우는 것이다."[7] 하지만 이러한 견해는 더 이상 타당하지 않다. 인터넷이 세계화되면서 다른 언어의 등장이 꾸준히 증가하고 있기 때문이다. 1998년에 온라인에서 사용되는 언어 중 대략 80%는 영어였다. 이 수치는 그 전해에 인터넷협회Internet Society와 알리스 테크놀로지스Alis Technologies가 공동으로 추진하고 바벨Babel이 실시한 인터넷에서 사용되는 언어 분포에 관한 최초의 대규모 연구 조사에서 나온 것이다. 이 조사에 따르면, 영어가 독보적인 위치를 차지한 가운데 다른 언어들의 등장도 눈에 띄는데, 주로 독일어, 일본어, 프랑스어, 스페인어 등이다. 이후 영어가 차지하는 비중은 계속 떨어지고 있다. 최근에 글로벌리치Global Reach가 행한 조사에서는 비영어권 국가에서 인터넷에 접속하는 사람들이 1995년과 2000년 사이에 700만에서 1억 3,600만 명으로 크게 늘었다. 1998년에는 또 하나의 놀라운 사실이 밝혀졌는데, 비영어권 국가에서 새로 만들어지는 웹사이트의 수가 영어권 지역에서 만들어지는 웹사이트의 수를 능가했다는 것이다. 2000년 런던에서 열린 '검색 엔진 전략'에 관한 회의에서 알타비스타 측은 2002년이면 영어로 만들어진 웹[사이트]이 전체 50% 이하로 떨어질 것이라고 전망했다. 이 전망은 사실로 바뀌었다. 세계 일부 지역에서는 자국어가 이미 지배적인 지위를 차지하기 시작했다. 일본의 인터넷 전문가인 요시 미카미는 일본 웹페이지의 90% 이상이 일본어로 되어 있다고 밝혔다.

소통의 인프라가 아시아, 아프리카, 남아메리카에서 계속 발전하고 있기 때문에 웹이(그리고 인터넷 전체가) 비영어화 되는 것은 놀라운 일이 아니다. 또한 이들 지역에는 엄청난 인구가 밀집해 있다. 웹은 실생활에서의 언어의 분포를 더욱 정확하게 반영하게 되었고, 많은 사이트들이 이를 입증하고 있다. 수천 개의 기업들이 다언어적 정체성을 제시하기 위해 최선을 다하고 있으며, 수백여 곳의 주요 사이트들은 모든 종류의 정보를 자신들만의 언어로 수집하고 있다. 오리건 대학의 폰트 자료실을 찾아보면, 40여 개 언어의 112개 인쇄 폰트를 찾을 수 있을 것이다. 클린곤Klingon 같은 외계인 언어와 톨킨이 『반지의 제왕』을 위해 만든 엘비쉬Elvish어와 같이 신화에 등장하는 언어와 관련된 자료까지 갖추는 유머 감각을 자랑한다. 한 시간 동안만 월드와이드웹에서 다양한 언어를 검색하면 수백 가지 언어를 찾을 수 있다. 2001년에 나의 저서 『언어와 인터넷』 집필에 필요한 자료들을 찾기 위해 며칠간을 인터넷 검색에 보낸 적이 있다. 그러다가 한 사이트를 알게 되었는데, '세계 언어 자원World Language Resource' 이라는 곳으로, 728개 언어로 된 자료들을 찾아볼 수 있었다. 아프리카어 리스트에는 몇 개의 토착 언어들이 수록되어 있었다. 예를 들어 요루바Yoruba어는 속담, 이름 짓는 양식과 인사법 등을 포함해 5,000 단어로 묘사되어 있었다. 87개 이상의 유럽 소수 언어들을 수록한 사이트도 있었다. 어떤 사이트들은 자료의 규모는 작았지만 다양한 종류의 언어 자료를 갖추고 있었는데, 주기도문이 500여 개 언어로 실려 있기도 했다.

아직은 웹상에서 얼마나 많은 언어들이 최소한의 영역을 확보했는지 확인된 바는 없지만, 나는 1,000여 개 이상의 언어들을 쉽게 발견할 수 있었다. 인터넷에 자주 등장하는 언어와 소수 언어의 흔적을 찾는 것은 힘들지 않다. 나의 짐작으로는 지금까지 최소한 전체 언어의 약 1/4인 1,500여 개의 언어가 어떤 식으로든 사이버스페이스에 등장했다. 이것은 실제로 그 언어가 존재함을 의미한다. 이들 사이트는 단지 언어학이나 다른 학문적 주제의 관점에서 언어에 대해 분석하고 논의하는 공간이 아니다. 사이트들은 언어 그 자체를 보여 주는 곳이다. 많은 경우, 페이지 숫자를 기준으로 볼 때 웹에 등장하는 규모는 매우 작다. 중요한 것은 이 언어들이, 비록 인터넷 사이트에 드물게 나타나고 있긴 하지만, 실제로 사용되고 있다는 점이다.

인터넷은 소수 언어에게는 이상적인 매체이며, 2장에서 설명한 소멸의 위기를 겪고 있는 언어들에게는 중요성이 입증될 생명선이다. 만일 당신이 (예를 들면, 토착어나 켈트어 같은) 위험에 처한 언어의 사용자이거나 지지자이며, 그 언어를 알리고, 언어가 처한 곤경에 대해 세상 사람들의 관심을 끌고자 한다면 말이다. 지금까지는 대단히 힘든 일이었다. 그러한 문제를 다루는 신문 기사를 하나 내는 것도 어려운 일이고, 신문 광고 비용은 실로 엄청나다. 소멸 위기에 처한 언어를 내용으로 하는 라디오나 텔레비전 프로그램을 만드는 것은 사실상 불가능하다. 하지만 이제 웹페이지와 이메일이 우리를 기다리고 있다. 그 규모로 볼 때 기존 언론 매체의 관객들을 하찮은 것으로 만들어 버리는 지구촌의 관객들 앞에 짧은 시간 내에 당신의 메시지를 당신의 언어로(원한다면 번역을 할 수도 있다) 올릴 수 있게 된 것이다. 웹 메시지는 또한 신문이나 방송에서는 불가능한 방식으로 계속 남아 돌고 돈다. 챗룸은 더욱이 고립된 지역에 살고 있는 대화자들에게는 구원이다. 이제 그들에게는 가상의 소통 공간이 생긴 셈이다. 유럽의 소수 언어나 북아메리카 원주민어와 같이 지구상의 "세력이 약한" 몇몇 언어들은 인터넷 기술에 접근해 자신들의 웹사이트를 가지고 가상의 대화 커뮤니티를 육성할 수 있게 되었다.

하지만 한 언어가 사이버 상에서 일정한 영향력을 갖기는 쉽지 않다는 점을 인정해야 할 듯하다. 우선 통신 인프라가 구축되어 있어야 하는데, 소멸 위기에 처해 있는 많은 소수 언어들이 사용되는 지역은 전기 공급이 불완전하거나 전무하며, 시급한 다른 우선순위가 정해져 있는 곳들이 대부분이다. 그리고 오늘날의 웹 기술을 사용하기 위해서는 문자로 기록되어야 하는데, 2장에서 논의했듯이, 2,000여 개의 언어들은 전혀 문서화되지 않은 상황이다. 또 하나의 복잡한 문제는 일부 언어들이 가지고 있는 특수한 문자들은 쉽게 부호화되지 않기 때문에 보통은 다른 곳에서 컴퓨터에 의해 "판독"되어야 한다는 점이다. 마지막으로, 인터넷 기술 사용과 문서화가 가능하다 해도 넘어야 할 또 다른 장애물이 있다. 한 언어가 사이버 생명을 활발하게 성장시키기 위해서는 국가나 공동체 안에서 형성되어야 할 일종의 인터넷 사용의 "임계 질량"이 존재한다고 할 수 있다. 웹상에 토착어로 된 사이트가 한두 개 정도여서는 사실상 별 소용이 없다. 그 언어를 사용하거나 찾고자 하는 사람들은 곧 지루함을 느낄 것이다. 많은 사이트가 생겨나면, 어느 순간 누구나 그것을 이용하고 그것에 정보를 덧붙이고 그것에 대해 이야기하기 시작한다. 바로 놀라운 일이 시작되는 순간이다. 지금까지 이 단계까지 이른 언어는 몇 백 개에 불과하다. 인터넷 전문 용어로 말하자면, 토착어로 된 많은 양의 질 좋은 "콘텐츠"가 있어야 한다. 그것이 이루어질 때까지 사람들은 콘텐츠를 축적한 언어를 사용하며 머무를 것이다. 구체적으로 말하자면, 그 언어는 영어이다.

따라서 다중 언어 사용 인터넷은 아직도 확장 중이며, 차후 수년간 중요 발전 분야가 될 가능성이 크다. 모든 것은 새 사이트들이 얼마나 빨리 토착어의 동력을 구축할 수 있는가에 달려 있다. 또 우리는 현실적 어려움을 평가 절하해서는 안 된다. 예를 들면, 한 언어의 문자를 정확히 표현한다는 간단한 문제를 생각해 보자. 최근까지도 키보드 사용에서 전 세계 언어의 문자적 다양성을 극복하는 데 많은 문제가 있었다. 표준으로 자리 잡은 것이 영어의 자모였기 때문에, 영어가 아닌 언어들은 단지 몇 가지만 운용될 수 있었다. 특이하게 생긴 악센트 표시가 있는 외국어 단어는 인터넷 소프트웨어에 의해 무시되었으며, 그리 중요하지 않은 것으로 치부되었다. 이런 일은 계속 일어날 수 있다. 하지만 큰 발전이 있었다. 첫째, 키보드 문자의 기본 구조(이른바 ASCII로 불리는)가 확장되었기 때문에 일반적인 악센트 기호는 모두 표기가 가능해졌다. 하지만 이것도 256자 만을 허용하고 있는데, 세상에는 그보다 훨씬 많은 글자 혹은 단어들이 존재한다. 로마 문자를 사용하지 않는 아랍어나 힌디어, 중국어, 한국어, 그리고 수많은 언어들의 자모 형태를 생각해 보라. 오늘날 새로운 기호 체계인 유니코드UNICODE 시스템은 훨씬 더 복잡하다. 최근 버전으로 스크린 상에서 94,000여 개의 글자 사용이 가능하다. 비록 이것은 전 세계 언어의 전체 문자 추정치인 175,000자보다는 훨씬 적지만 말이다.

미래의 웹 다중 언어 사용에 대한 전망은 희망적이라는 것이 내 견해이다. 그리고 이와 같은 주장은 더욱 확산되는 듯하다. 네드 토마스Ned Thomas는 '소수언어 유럽사무국 European Bureau of Lesser Used Language'이 발행하는 계간지 『접촉Contact』의 편집자이다. 그는 2000년 논설에서 이렇게 썼다. "그런 일은 없을 것이다… 즉, 모든 언어들이 넷상에서 영어에 의해 궁지로 몰리는 일 같은 것 말이다. 반대로 다중 언어 사용 웹사이트, 다중 언어 사용 자료 검색, 기계 번역, 기타 외국어가 가능한 음성 인식 시스템 등에 대한 막대한 수요가 생겨날 것이다."[8] 그리고 다양한 웹 언어 프로젝트의 창조자인 타일러 챔버스Tyler Chambers도 이 말에 동의한다. "인터넷의 미래는 훨씬 더 다양한 언어가 사용되고, 문화를 넘나드는 탐구와 우리의 지식을 넘어서는 이해가 더욱더 확대될 것이다."[9]
나 역시 여기에 동의한다. 웹은 월드 와이드 웰컴World Wide
Welcome을 전 세계 모든 언어에 선사한다. 그리고 이토록 많
은 언어들이 죽어 가고 있는 시대에 이러한 낙관론이야말로
진정한 혁명인 것이다.

4. 혁명 이후

앞 장에서 기술한 세 가지 트렌드(세계 공용어의 부상, 소멸 위기
에 처한 언어들, 인터넷의 등장)는 우리의 언어적 다양성에 대한
인식을 발전시키는 데 큰 영향을 미쳤다. 세계적으로 사용되
는 영어는 전 세계적인 상호 이해의 매개체임을 확인하는 방
식으로 다양한 표준 영어에 추가적인 목적을 부여해 왔다. 하
지만 그것은 또한 지역적 정체성을 확인하는 방식으로 지역
영어의 성장을 육성했고, 일부 신종 영어들은 당연한 귀결이
겠지만 다른 언어로 발전해 갔다. 인터넷은 새로운 차원의 형
식적 변화와 유례 없는 언어 사용 방식과 더불어 신선한 표현
가능성을 가진 언어적 신매체를 제공했다. 심지어 언어가 처
한 위험에 대해서도 긍정적인 작용을 하기도 했다. 언어의 죽
음을 세계 만방에 알림에 따라 소수 언어 사용자들의 태도를
명확하게 만들었다. 이제 언어적 정체성은 무엇이고, 그것은
어떻게 육성되는가에 대한 사람들의 인식에 영향을 미치는 새

로운 움직임이 도처에서 시작되었다. 특히 그중에서도 '유럽이 정한 언어들의 해'는 눈여겨볼 만한 일이다. 이제 위대한 일을 위한 잠재력이 움트고 있다. 그러나 혁명이란 것이 그렇듯, 모든 것은 혁명을 활용할 사람들에 의해 좌우된다. 그리고 이를 위해서 우리는 언어의 본질에 대해 오래 전부터 가지고 있던 인식을 여러 번 재고해야 한다. 그것은 언제나 편안한 과정은 아니다.

'유럽이 정한 언어들의 해'의 취지를 진지하게 받아들이고 깊이 검토하는 도중에 중대한 사고의 전환이 이루어질 수 있다. 나는 일반적으로 다중 언어 사용(종종 복수 언어 사용이라고 일컬어지는), 특히 이중 언어 사용이 본질적으로 바람직한 일이라는 것을 인정하는 데 이것의 취지가 있다고 생각한다. 나는 이 취지를 다중 언어 사용이 정상적인 인간의 상태라는 전제와 연관 짓고 싶다. 아래에서 논의하겠지만, 이중 언어 사용을 어떻게 정의 내리느냐에 따라 전 세계 이중 언어 사용자 수는 전체 인구의 50%(높은 능력을 갖출 경우)에서 80%(적정한 능력을 갖출 경우) 사이를 오간다. 세 가지 이상의 언어를 구사하는 인구도 상당하다. 이는 아이들은 단지 LAD(언어 습득 장치 Language Acquisition Device)뿐만 아니라, 촘스키가 주장하듯이, MAD(다중 언어 습득 장치Multilingual Acquisition Device)를 가지고 태어난다는 이론의 명백한 증거로 보인다. 이 약어는 아이들이 하나의 언어를 습득할 준비가 되어 있다는 애매한 표현을 피하고 있다. 오히려 현실에서 볼 때, 일단 노출되기만 하면 아이들이 습득할 수 있는 언어의 수는 제한이 없는 듯하다. 물론 어린아이의 관점에서 보면 이 언어들이 다르다는 사실은 중요하지 않을 것이다. 단지 말하는 방법이 다를 뿐이다. 우리 어른들은 이들이 다른 언어라는 것을 알고 있다. 그러나 아이들은 4살이 되어서야 이 사실을 알게 되고, 자신의 목적을 위해 언어들을 자의적으로 사용할 수 있게 된다.

다중 언어 사용의 의미를 깊이 숙고해 보면, 우선 이것은 획일적인 경험이 아님을 인정하게 된다. 언어를 배우는 것은 듣기, 말하기, 읽기, 쓰기라는 네 가지 양식을(경우에 따라서는 수화도 포함되겠지만) 완전히 구현하는 다중 처리 경험이다. 이들 중 앞의 두 양식(듣기와 말하기)에서만 다중 언어 사용 능력을 발달시키는 것도 완벽히 가능하다. 사실, 지구상 언어 중 40% 정도는, 앞에서 다루었지만, 한 번도 기록된 적이 없으므로 사용자들에게 다른 선택의 여지도 없다. 마찬가지로 "읽기" 능력만을 발전시키는 것도 가능하다. 그리고 구어와 문어에서 능동적, 수동적 양식의 차이점은 쉽게 찾아볼 수 있다. 말하기보다 듣기에 능숙한 사람들, 그리고 쓰기보다 읽기에 능숙한 사람들이 있다. 다중 언어 사용이 네 가지 양식 모두에 능통한 사람들로 제한되어서는 안 된다. 그럴 경우 사실상 두 개 이상의 언어를 사용하며 삶을 영위해 가는 엄청난 비율의 사용자들을 배제하게 된다. 오히려 네 가지 양식의 어느 부분에 대한 능력도 인정해야 할 것이다.

또한 한 가지 양식에서도 능력의 차이가 있음을 인정해야 한다. 언어를 배우는 것은 적게 보면 발음, 문법, 어휘를(세 가지 전통적 영역으로 제한한다면) 습득하는 과정이다. 각각의 양식을 완벽히 습득하는 것을 "100퍼센트 유창함"이라고 부르기로 하자. 이것은 한 사용자가 모든 소리를 발음할 수 있고, 모든 문법적 구조를 사용할 수 있으며, 한 언어에서 사용되는 모든 어휘를 알고 있음을 의미한다. 이런 가정 하에서는 그 누구도 완벽히 유창할 수 없다. 그 누구도 백만 개가 넘는 영어 단어를 모두 알지 못한다. 또한 3,500개 정도의(문학이나 법과 관련된 더 복합적인 구조를 포함) 문법 구조를 자유자재로 사용할 수도 없으며, 복잡한 어조 효과(배우들이 사용하는)를 활용하기도 힘들다. 간단히 말해 우리는 유창함에 대해 논하면서 모든 수준을 허용한다. 그리고 각 영역에서 0에서 100퍼센트의 개념 척도를 사용한다. 그러고 나서 (역시 개념적으로) 그 언어에 대해 전체적으로 합산해서, Ms X가 Mr Y보다 "더 유창하다"는 등급을 산정할 수 있도록 준비한다. 하지만 문법에는 강하지만 어휘에는 약한 Mr A가 문법에는 약하고 어휘에 강한 Ms B보다 "더," 혹은 "덜" 유창하다고 평가할 방도는 없다. 경우의 수는 엄청나다. Mr A와 Ms B는 어느 정도까지는 이중 언어 사용자이며, 확실히 모든 영역에서 지식이 없는 Mr C보다는 "훨씬 더 [유창한] 이중 언어 사용자"이다. 이중 언어 사용에 대한 이러한 상대적 개념만이 실제 세계에서 통용되고 있다.

그리고 주위를 둘러보면 사람들에게는 각기 다른 수준의 언어적 능력이 요구됨을 알 수 있다. 예를 들어 평범하다는 개

넘에는 "생존에 문제없는," 혹은 "그럭저럭 해나갈 정도"의 언어 능력이 포함되어 있다. 사람들은 특정 분야와 언어에서 그들의 능력이 더 강하거나 더 약하다고 평가하면서 항상 이와 같은 개념을 사용한다. 우리는 다음의 질문에 대답하는 것이 얼마나 어려운지 잘 알고 있다. "몇 개 언어를 하세요?" 혹은 "…을 아세요?" 우리는 언제나 대답을 피해 가려 한다. 이것은 이중 언어 사용의 현실을 인정하는 것이다. 그것은 이것 아니면 저것이라는 논리로 설명되지 않는 현상이며, 다양한 수준의 능력으로 이루어진 역동적인 혼합물로, 상황에 따라, 그 언어를 사용할 기회가 늘어나고 줄어드는 것에 따라, 아니면 단순히 나이가 들어감에 따라 끊임없이 변화해 가는 것이다. 모든 사람들이 대답을 회피하게 되는 "X 외국어 할 줄 아세요?" 아니면 "이중 언어 사용자인가요?"와 같은 너무도 직설적인 질문들은 잘못된 물음이다. 진지하게 다루어야 할 이중 언어 이론이라면 이와 같은 불확정성을 인정해야 할 것이다.

불확정성의 인정은 그동안 주목 받지 못했던 하나의 개념을 중심으로 끌어들인다. 21세기에 이 개념의 중요성은 커질 수밖에 없는데, 그것은 불완전한 이중 언어 사용Semilingualism이다. 이 용어는 몇 가지 방식으로 사용되어 왔다. 그 어떤 언어에서도 모국어 수준의 높은 능력을 획득하지 못한 사람들을 의미할 수도 있는데(움베르토 에코의 『장미의 이름』에 등장하는 살바토레를 떠올리게 된다. 그는 "모든 언어를 말하지만 그 어떤 언어에도 능숙하지 못하다"), 보통은 어린 시절 너무 자주 이사를 다니거나, 안정적인 가정이나 지속적인 대화 경험을 가질 정도로 한 곳에 오래 머물지 못했기 때문에 일어나는 현상이다. 수천의 이민자 가족들, 여행자들, 망명 신청자들과 난민들이 이 범주에 속한다. 이들의 언어 세계가 다르다고 해서 이들이 다중 언어 사용자 개념에서 제외되어서는 안 될 것이다. 더욱 자주 볼 수 있는 예는 다중 언어 사회에서 사는 사람들로, 어떤 이유로 인해 그 사회에서 사용되는 어떤 언어도 높은 수준으로 체득하지 못한 경우이다. 또 가정이나 초등학교에서 제2의 언어를 배우고, 그런 다음 집을 떠나 제2의 언어가 사용되지 않는 환경에서 직장 생활을 한 젊은이들이 훗날 제2의 언어를 반 정도 구사하는 수준에서 다시 고향으로 돌아올 수도 있다. 세 번째 상황은 아프리카에서 전형적인 예를 찾을 수 있다. 한 집단 안에서 여러 가지 언어들이 함께 사용되는데, 각 언어의 사용은 특정한 사회 환경과 맞물려 있다. 하나는 집에서, 다른 하나는 시장에서, 세 번째 언어는 교회에서, 네 번째 언어는 학교에서 사용되는 식이다. 그러나 여기서 요점은 이 중 한 맥락에서 "살아남기"나 "일의 수행"을 위해 필요한 언어의 "양"은 다른 상황에서 필요한 정도와 매우 다를 수 있다는 것이다. 사실, 매우 제한된 종류의 라틴어 표현들이 로마 가톨릭교회에서 사용되던 시기처럼, 언어의 사용량은 매우 적을 수도 있다. 그러나 대단히 제한적인 범위이지만 능숙하게 언어를 구사하는 사람들은 다중 언어 사용자 범위에서 제외되어서는 안 된다. 어느 정도의 언어 능력이 구현될 지는 모르지만, 우리가

100% 유창함이라고 규정한 것과는 거리가 멀다. 이렇게 제한적인 수준은, 예를 들어 전체적인 번역 등가물을 요구하는 유럽연합과 같은 맥락에서는 생존의 가치가 없을 수도 있다. 유럽의 상황은 특수하다고 할 수 있다.

전체적인 번역 등가물에 대한 요구(하나의 언어로 말한 모든 내용을 다른 언어로 바꿀 수 있다는 원칙) 또한 재고再考를 필요로 한다. 한 언어로 이야기했던 내용을 다른 언어로 말하기 힘들었던 경험은 누구에게나 있을 것이다. (이미 1장에서 프랑스어 사용 어머니의 예에서 언급했듯이) 연관된 어휘나 관용 표현들을 모르기 때문이다. 앞서 언급한 아프리카의 경우, 평소에 시장의 맥락을 경험했던 사람들은 채소와 관련된 어휘들을 상당히 많이 알고 있을 것이다. 하지만 그런 사람들도 교회에서 만나면 언어의 빈곤에 빠질 수 있다. 교회에서 사용하는 언어로 양배추에 대한 고차원적인 내용의 대화는 가능하지 않다. 물론 그럴 필요도 없겠지만 말이다. 예를 들어, 특정한 법적 제재가 있다든지 사람들이 공적 영역에서 언어 간의 경쟁을 의식하고 있다든지 하는 특정한 상황에서만 전체적인 번역 등가물의 요구가 의미를 가질 것이다. "모든 것을 번역한다"는 개념은 특별한 것이다. 다중 언어 사용은 모든 것을 번역할 수 있게 해주는 단계까지 아직 발전하지 않았다. 개인적, 집단적 소통의 필요를 충족시키는 정도에 불과하다. 가끔 번역은 유용하다. 가끔은 불필요하다. 가끔은 긍정적인 의미에서 바람직하지 않다. 가끔은 완전히 비실용적이다.

물론, 회원 수가 20여 개국으로 늘어난 유럽연합이 마주한 딜레마를 유발한 것은 마지막 기준이다. 우리의 태도가 "모든 것은 번역된다"는 패러다임에 갇혀 있다면, 이 딜레마를 해결할 방법은 없다. 이 패러다임이 공용어라는 맥락에서 일종의 실용적 원칙을 가진 선택성의 체계로 대체된다면 해답이 나올 수도 있다. 실용적인 패러다임에서는 "모든 것은 번역되어야 한다"는 원칙이 아니라 유용함 때문에 번역한다는 점이 확인된다. "유용함"을 정의하는 다양한 기준은 물론 숙고되어야 한다. 국가의 정체성에 대한 지각과 관련 있기 때문에 일부 항목들(문서, 연설)은 대단히 중요하다. 일부는 모든 언어로 표시되어야 할 법적 내용을 담고 있기 때문에 중요할 것이다. 또 일부는 특정 국가들에게만 유용할 것이다. (예를 들어, 해안 방위에 대한 문서는 해안선을 가지고 있지 않은 내륙 국가에게는 제한적인 관련만 가질 것이다). 모든 국가가 그들의 존중 받아야 할 언어를 가지고 있다는 것은 자명한 원칙이다. 그러나 이로부터 모든 것은 번역되어야 한다는 주장이 따라나오는 것은 아니다. 이론적으로 20개의 문서가 있고 네 개의 언어 집단이 있다고 하자. (물론 이들에게는 함께 사용하는 공용어가 있다) 문서 1-5는 L1로 번역되고, 문서 6-10은 L2로 번역된다. 비록 모든 문서가 한 가지 언어로 번역된 것은 아니지만, 이와 같은 방식으로 모든 문서가 동등하게 번역되고 비중도 공평하게 되도록 한다. 정치적 민감성을 고려할 때 이 모델이 현실에서 얼마나 잘 활용될 수 있을지는 불분명하다. 하지만 번역과 마찬가지로 존중도 실용적인 개념임은 명백하다.

이와 같은 논리는 사람들을 놀라게 한다. 이 논리가 나타내는 대담하고 새로운 세계가 익숙하지 않고 검증되지 않은 것이기 때문이다. 하지만 새로운 패러다임의 필요성을 사람들에게 제시하는 것이 혁명의 본질이다. 그리고 현재 우리는 기존 모델이 새로운 모델로 교체되고 있는 언어적 혁명과, 피할 수 없이 엄청난 불확실성을 가진 과도기를 경험하고 있다. 사람들은 진정한 지구촌의 공용어의 역할에 대해 확신을 가지지 못하고 있다. 경험해 본 일이 없기 때문이다. 또 전 세계적으로 많은 언어들이 소멸되는 것을 보면서도 어떻게 대응해야 할지 확신하지 못하고 있다. 또한 그들은 새롭고 미지의 과학기술에 직면해 있지만, 이를 운용하는 데는 제한된 경험만 있을 뿐이다. 언어 작업의 최일선에 서 있는 교사들은 언제나 자신들의 노고에 대해 탄식한다. 그들이 하는 전형적인 불평은 "예전에는 미국식 영어와 영국식 영어가 있었고 상황을 알 수 있었는데, 지금은 세상이 어떻게 돌아가는지 도무지 알 수가 없다"는 것이다. 그러나 교사뿐만 아니라 모든 사람들이 빠르게 변해 가는 언어적 세계의 불확실성을 경험하고 있다. 그 결과, 자신의 입장을 완강하게 고집하거나 극단적인 입장을 취하거나, 전통적인 개념(예를 들어, "공식적 지위"를 가진 언어의 개념)이 원래와는 다른 비중을 가지게 되는 어쩔 수 없는 경향이 생겨났다. 결과는 우리 앞에 나타나고 있다. 막대한 분량의 읽히지 않는 번역, 낭비되는 엄청난 시간들, 모든 것을 두 번 이야기해야 한다고 느끼기 때문에(한 번은 자신의 언어로, 두 번째는 공용어로) 해결되지 않는 쟁점, 내용을 확실히 하기 위한 "연결 언어"와 "업무 언어"의 은밀한 사용(교묘하게 언어 다양성 존중이라는 원칙을 침해하는) 등이 그것이다. 나의 관점에서 훨씬 바람직하게 느껴지는 것은 사람들이 절대적인 개념을 상대적인 개념으로 대체하는 쪽으로 다가가는 것이다. 예를 들어, "공식 언어"의 개념이 "특정 목적을 위한 공식 언어"로 대체되고, 이러한 목적을 파악하기 위해 시간을 투자하는 것이다.

이와 같은 방향으로 생각을 전환하는 것 역시 불편한 일이다. 특히 변화가 너무도 빠르게, 범세계적으로 발생하는 혁명적 시기에 언어적 현실의 본질은 불편함이기 때문이다. 상대주의적 개념은 언어 순화주의자들이 주장하는 흑백 논리의 세계와는 거리가 멀다. 그런데 다중 언어 사용 세계는 순화주의자들로 가득하다. 이들은 다른 모든 언어보다 본질적으로 우월한 하나의 언어 형식이 존재한다고 믿으며, 변화, 특히 다른 언어의(대부분은 영어의) 영향으로부터 그 언어를 지켜내는 것이 자신의 의무라고 여긴다. 우리 모두에게는 순화주의적 요소가 있지만, 그것은 조절해야 할 부분이다. 모든 언어는 변하고, 서로를 차용하며, "순수"한 언어는 존재하지도 않고 존재한 일도 없었다는 역사적 사실은 자명하다. 사실 영어는, 우리가 1장에서 논의했듯이, 차용하는 힘이 남다른 언어이다. 그러나 차용은 순화주의적 견해를 가진 언어 지지자들에게는 저주로 여겨진다. 다른 언어의 어휘들이 사용되면 자신들의 언어가 품격을 잃게 된다고 느끼기 때문이다. 순화주의자들의 집단적 기억은 매우 짧다. 한 세대 이전에는 자신들이 표준으로 받아들여 쓰고 있는 언어의 특정한 형식들이 논란의 대상이 되었다는 사실을 망각하고 만다.

2장에서 보았듯이, 이 점은 특히 구세대와 신세대 간에 민감하게 충돌한다. 구세대는 "정확성"을 주장하고, 신세대는 (주로 영어에서 온) "쿨한" 차용어를 사용하고 싶어 한다. 수백만 명의 사용자가 있는 "건강한" 언어에서는 순화주의적 태도가 해를 끼치지 않는다. 언어 공동체를 형성하고 있는 무수한 견해 속으로 흡수되어 버리기 때문이다. 사실, 이들에게는 중요한 역할이 있다. [다양한] 견해의 스펙트럼에서 한 축으로 자리매김하여 다른 입장들을 더욱 선명하게 부각시키는 것이다. 예를 들어, 언어학에서는 표준이건 비표준이건 상관 없이 모든 용례가 유효하다는 "기술적인descriptive" 입장이 있다. 이입장은 (공인된 문법이나 사전이 허용하는) 특정 용례만 타당하다고 인정하는 "규범적" 관점과 대비될 때 더욱 명확히 규명된다. 그러나 소수 언어, 소멸 위험에 처한 언어와 관련해서는 순화주의는 유해하다. 나의 견해는 명백하다. 순화주의적 심성이 언어 정책을 지배하는 모든 언어 공동체는 언어의 임종 선언을 받은 것이나 마찬가지다. 10대들은 다음 세대의 부모들이다. 그리고 만일 한 언어가 전수되어야 한다면, 10대 청소년들이야 말로 그 의미를 깨달아야 할 사람들이다. 그러나 공동체의 기성세대로부터 "그들의" 언어가 "부정확"하다는 이유로 거부당할 때마다 그 생명력은 약화된다. 이것은 또 다른 치명타가 된다.

역사가 말해 주듯이 언어의 정체성은 변한다는 점을 받아들여야 한다. 2장의 내용대로라면, 그 정도는 근본적인 특성 변화를 초래하는 수준이 될 수도 있다. 명백하게 불편한 이런 진실은 언어의 성격이 변했을 때 실제로 어떤 일이 생기는지 지적해 봄으로써 다소 덜 불편한 것이 될 수 있다. 언어는 질이 나빠지거나 사라지는 것이 아니다. 오히려 새로운 특성은 모든 종류의 창조적 방향으로 사용될 수 있는 신선한 자원이 된다. 영어는 우리가 보아 왔듯이 그것의 전형적인 사례이다. 고전어와 로망스어의 어휘로부터 수많은 차용이 이루어진 후 영어가 저급해진 것은 아니다. 결과는 반대였다. 우리가 가지게 된 것은 엄청나게 증가된 표현의 어휘 목록이며, 이것은 창작을 위한 신선한 기회를 제공해 준다. 많은 사람들이(조지 오웰이 아니더라도) 영어의 "질"을 높였다고 지적하는 것은 얄궂게도 고전어 어휘들이다. 다음 세대의 언어는 그 앞 세대의 언어와 결코 같을 수 없다. 그리고 바람직한 것이 아니더라도 변화의 필연성을 받아들이는 것은 다중 언어 사회로 향한 현실적인 접근의 핵심이다. 따라서 혁명 이후의 새로운 입장은 (차용어와 같은) 접촉의 결과를 훨씬 높은 정도까지 받아들이는 것이어야 한다. 그리고 엄청난 혼합이 이루어지고 있는 (싱글리쉬 Singlish에서 사용되는 영어와 중국어처럼) 수많은 "코드 믹싱" 언어들과 만날 준비를 해야 한다.

"구세대"와 "신세대" 혹은 "정확한"과 "쿨한"처럼 상반되는 개념을 가지고 논란을 벌이는 것은 그 자체가 하나의 왜곡이다. 두 입장은 서로 완전히 배타적인 것은 아니다. 대단히 구어체적이고 "쿨한" 언어 사용이 매우 형식적이고 "정확한" 언어 사용과 공존하는 언어적 상황은 충분히 가능하다. 이런 상황은 1장 말미에서 언급했던 삼중 방언의 개념에 의해, 고전 아랍어와 구어체 아랍어, 혹은 스위스어와 고지 독일어(현재의 표준 독일어) 등의 예에서 파악되는 한 언어의 매우 다른 두 가지 변종의 개념(두 언어 변종 사용diglossia)에 의해 파악될 수 있다. 동시대에 공존하는 언어가 다른 언어와 접촉해 영향을 받을수록 두 언어 변종화(심지어 세 가지 변종이 동시에 존재하는 세 언어 변종)의 가능성도 점점 더 높아진다. 그리고 이 현상은 특히 소수 언어에서 주목할 만하다. 사용자가 적을수록 언어 사용 수준 차이는 더욱 두드러진다. 오직 통합적인 언어 정책만이 이러한 현상을 통제할 수 있을 것이다. (특정 계층이 "적절한" 언어 사용을 하지 못한다고 판단하는) 배타적 정책은 언어를 자멸의 길로 내몰 것이다. 소수 언어는, 사용자들의 언어 종류나 수준에 관계없이, 모두를 친구로 삼을 필요가 있다. 이제 막 이중 언어 사용이라는 사다리에 발을 걸친 사람(기술한 표현에 따르면, 1퍼센트의 유창함을 가진)도 환영 받고 인정받아야 한다. 불행히도, 놀라운 사실은 소유에 대한 역사적 개념은 통합에 장애가 된다는 것이다. "저들은 우리의 언어를 배울 권리가 없어"라는 태도는 새로운 구성원을 받아들일 때 보수주의자들이 자주 하는 이야기이다. 그들의 입장도 복합적이고, 완전히 의미가 없는 것은 아니지만, 분명히 자기 파괴적이다.

혁명 이후의 언어 세계에서 다중 언어 사용의 개념에 대해 더 탐구할수록 우리가 품어 온 개념이 수정되거나 폐기되었음을 알게 될 것이다. "모국어"와 "외국어," 혹은 "제1언어," "제2언어," "외국어"의 차이와 같은 기초적인 개념에 대해 다시 생각해 보아야 한다. 1장에서 언급한 상황이 우리에게 예를 제공한다. 전 세계적으로 여러 언어를 사용하는 부모에게서 언어를 배우는 아기들의 경우, 그들에게는 영어가 필수적인 공용어이다. 달리 말해 이 아기들은 "외국어로서의 영어"를 모국어로 배우게 될 것이다. 이러한 현상은 언어 전문가들조차 놀라게 만든다. 이러한 인식을 위해 전문가들에게 필요한 것은 더욱 폭넓은 사고의 전환이다. 이 사고의 전환은, 예를 들어 단일어 사용이 바람직하다는 개념이 놀라울 정도로 확산되어 있는 (특히 최근 식민지 경험이 있는 국가의) 일반 대중에게도 일어나야 한다. 정치인과 행정가들은 원래 간결하고 단순한 해결을 원하는 경향이 있다. 예를 들어, 한 국가가 몇 개의 언어를 교육하고 업무적으로 사용하는 것이 이상적일까 하는 공식을 만들어 내고자 하는 것이다. 그러나 그 공식이 "L1+1"(모국어 외에 하나의 외국어를 추가로 사용하는 것)이든 "L1+2"이든 사람들이 다양한 수준에서 필요한 만큼의 언어를 구사하게 되는 실제 세계와는 그다지 관계가 없다. 내가 보기에 다중 언어 사용 세계와 잘 연결되는 유일한 개념은 언어 포트폴리오이다. 이것은 일련의 언어와 한 개인이 가진 능력에 초점을 맞추는 유럽에서 폭넓게 사용되는 개념으로서, 학교 교과 과정 등에 운용될 필요가 있다.

혁명을 잘 소화하기 위해 우리는 사용자의 다양한 단계와 유형에 따라 충분한 융통성을 갖춘 전략이 필요하다. 초점은 "보통의 가정"과 가정 내의 어린이들에게 맞추어져야 한다. 왜냐하면 언어가 가장 확고하게 습득되는 곳은 가정이기 때문이다. 그러나 가정은 고립을 피하기 위해 공동체의 맥락(실제건 가상이건)에서 주시되어야 하며, 지역 공동체 사업이 그 역할을 할 필요가 있다. 언어 정책을 세울 때 각기 다른 접근법들을 통합시키는 것은 바로 이 지역적 초점이다. 2장과 관련해, 나는 특히 소멸 위기에 처한 언어의 경우 대중의 주목을 언어적 문제에 집중시키는 중요한 전략으로서 예술의 역할을 언급했었다. 그리고 이 주장은 아래에도 잘 나와 있다. 3장에서 나는 전자 매체의 잠재성에 상응하는 언어의 생명력 강화 가능성에 대해 논했다. 그러나 가정은 이러한 요소들이 일상적으로 발현되는 유일한 장소이다. 예술의 인식은 가정에서 시작된다. 집안 장식과 몸치장의 가장 단순한 형식으로부터 음악, 그림, 이야기, 영화 등의 더욱 발전한 형식으로 확장된다. 인터넷 기술의 수용도 점점 더 가정에 기반하고 있으며 광대역 통신망과 함께 큰 성장을 보일 것이다. 따라서 가정과 지역 사회야말로 언어적 혁명이 가장 명확하게 이루어지는 곳이다.

언어의 죽음과 예술

"대중의 관심을 언어적 문제에 집중시킨다. 특히 소멸 위기에 처한 언어에." 이 말이 얼마나 실현될 수 있을까? 대중의 인식 제고가 가장 힘든 일이라는 것은 환경 운동 분야에서 일해 본 사람은 알 것이다. 전체 생태계 보호 운동을 통해 지구촌 사람들이 지구의 위기와 동물 종의 위기에 관해 현재 수준의 의식을 갖게 만들기까지 1세기가 넘게 걸렸다. 예를 들어, 미국의 국립오듀본협회National Audubon Society는 1866년에 창립되었고, 우리가 조류에 대해 인식하기 시작한 것은 150년 정도 된다. 세계 유산과 관련해서는 1972년에 시작되어 성공적으로 운영되고 있는 유네스코 프로그램이 있다. 그린피스는 한 해 전인 1971년에, 세계야생생물보호기금World Wildlife Fund은 1961년에, 세계자연보호연맹World Conservation Union은 1948년에 설립되었다. 이 연맹이 세계 자연 보호 전략World Conservation Strategy(1980)을 수립한 것은 그 후 30년이 지나서이다. 이것은 1991년 공포된 지구 보호Caring for the Earth 성명의 기초가 되었다.

그러한 시간 틀을 고려할 때, 의식 제고를 위한 10년간의 언어적 성과는 실로 놀라운 것이다. 극히 소수이지만 개인과 단체의 열정적인 노력과 새로운 통신 기술의 이용 덕분에, 소멸 위기에 처한 언어를 구하려는 노력 이전에 제시되어야 할 세 가지 기준과 관련해서 우리는 괄목할 만한 발전을 이루었다. 첫째, "상향식" 관심에 해당하는 의식(사용자 공동체 역시 그들의 언어가 되살아나길 소망해야 한다)이다. 이제는 이를 실현할 수 있도록 의견을 섬세하게 조율하고, 필요한 에너지를 유입할 수 있는 방법에 대한 많은 기록 자료가 있다. 두 번째로는 "하향식" 관심도 필요하다는 점인데, 지역 정부와 중앙 정부는 언어 소생에 대한 철학에 공감하고 당면 과제를 격려해야 할 필요가 있다. "하향식"은 또한 유네스코, 유럽위원회와 같은 국제적인 정치 조직의 지원을 얻는 것도 포함하는데, 이들 조직은 어려운 상황을 헤쳐 나갈 수 있도록 압력을 가할 수 있는 적절한 정치적 분위기를 형성하는 데 중요하다. 이 부분에서 얼마나 많은 발전이 이루어졌는지 깨닫기 위해서는 1996년의 바르셀로나 선언과 같이 1990년대에 발표된 수많은 정치적 선언문들을 기억하면 된다. 그러나 아직 인간의 언어적 권리에 대한 유엔 성명에는 근접하지 못한 것 같다.

그러나 세 번째 범주가 없다면 상향식 지원도, 하향식 지원도 충분한 것이 아니다. 그것은 자금이다. 소수 언어 정책을 실현하는 데 단기적으로 많은 비용이 든다는 것은 잘 알고 있다. 장기적으로 본다면 물론 소수 언어가 존중 받고 보호 받는, 모든 균형 잡힌 다중 언어 정책은 많은 비용 절감을 약속한다. 만일 사람들이 그들의 언어적 정체성이 위협 받는 현실을 목격하고 시민운동을 통해 그들 자신과 미래를 지키고자 할 때 발생하는 막대한 지출을(종종 돈과 마찬가지로 생명의 개념에서)

피한다면 말이다. 그러나 초기 지출은 많은 비용을 필요로 하지 않는다. 하지만 2장에서 보았듯이, 각국 정부가 회피하게 만들기에 충분하고, (위기언어기금과 같은) 관련 조직들이 당면한 문제 해결에 필요한 소규모 자금을 확보하는 데 어려움을 겪게 만들기에 충분한 돈이다. 이것이 폴크스바겐 재단Volkswagen Stiftung과 리스벳 라우징 자선기금Lisbet Rausing Charitable Fund과 같은 대규모 조직들의 노력이 큰 박수를 받아야 하는 이유이다. 이 조직들은 소수 언어 문서화 작업을 위해 상당한 금액을 기부하고 있다. 그러나 질문은 남는다. 왜 더 많은 조직들이 참여하지 않는 것일까? 언어 보호가 생물 보호의 지적인 등가어라면, 왜 아직도 필요한 자금 확보에는 그토록 미미한 성과만 거두고 있단 말인가? 세계자연보호연맹의 2002년 예산은 1억 4천만 스위스 프랑이었다. 이 외에도 수백만 프랑이 생물 보전 사업을 위해 사용된다. 이와 비교할 때 언어 보존 사업은 예산 규모가 너무도 초라하다. 이유는 무엇일까?

그 대답은 아직도 소수의 사람들만이 문제의 존재와 심각성을 인식하기 때문이라고 생각한다. 그리고 많은 수의 일반 시민에게 지금의 상황이 문제적이라는 점을 납득시켜야 한다. 2장에서 언급된 바벨 신화가(지구상에 단 하나의 언어만 있다면 상호 소통과 세계 평화가 이루어질 것이라는) 아직도 대다수 사람들의 마음속에 자리 잡고 있다. 그리고 아직 언어의 위기를 인식하지 못하고 있는 많은 사람들이 언론인, 정치인, 경제 지도자 등 이 세계의 여론 주도자로 자리 잡고 있다. 지구가 처한 생태계 위험에 대해서 알지 못하는 지식인이 단 한 사람이라도 있을지 의문이다. 하지만 언어 생태계의 위기에 대해서는 극히 소수의 지식인만이 인식하고 있을 뿐이다. 아는 사람들은 얼마나 될까? 1990년대 말 이 주제에 대한 라디오 프로그램을 준비하면서 나는 거리에서 행인들에게 지구상에서 많은 수의 언어들이 죽어 가고 있는 것을 아느냐고 물었다. 안다고 대답한 사람은(정말 알고 있는지 확인할 길은 없다) 4명 중 한 명 꼴이었다. 나머지 세 사람은 내가 무슨 이야기를 하고 있는지 이해도 하지 못했다. 맨체스터 대학에서도 비슷한 조사를 한 일이 있는데, 결과는 비슷했다. 조사 대상의 75%가 언어의 죽음에 대해 인식하지 못한다는 결론이 나왔다. 그리고 나머지 25%의 상당수도 그것이 중요한 문제라고 생각하지 않았다. 어떻게 하면 이들에게 이 메시지를 잘 전할 수 있을까?

강연, 책, 라디오 프로그램은 전통적인 방식이지만 한계가 있다. 여기에 대한 학술 서적들은 팔린다 해도 수천 부에 그칠 것이다. 이 책들은 나의 『언어의 죽음』과 마찬가지로 성탄절 선물로 살 만한 베스트셀러 리스트에 들 리가 없다. 학술 서적은 지식인의 여론을 조성하는 데 중요한 역할을 하지만, 대중의 인식을 재고할 수 있는 방법은 아니다. 우리는 다른 방향으로 눈을 돌려야 한다. 사실, 이 목적을 달성할 수 있는 몇 가지 방법이 있긴 하지만, 가장 중요한 것은 아직 탐색 작업조차 시작하지 못했다는 점, 그리고 조직적인 수준에 와 있지 않다는 점이다. 나는 이에 대해 네 가지 기초를 열거하겠다. 그것은 언론 매체, 예술, 인터넷, 학교 교과 과정의 활용이다. 언어 생태계에 대한 대중의 관심을 자연 생태계의 대한 관심과 동일한 수준으로 높이기 위해서는 이 네 가지 모두에서 체계적인 노력을 기울여야 한다.

첫 번째 방식과 관련해서는 얼마간의 발전이 있었다. 언론 매체의 지원을 끌어내는 것이다. 혁명적인 10여 년이 지난 후 언론의 일부 보도 내용을 보면 사실 여기에 대한 관심이 높아지고 있음을 알 수 있다. 일반 잡지와 신문에 몇 번 기사가 실린 적도 있었다. 『문명*Civilization*』, 『프로스펙트*Prospect*』, 『내셔널 지오그래픽』, 『사이언티픽 아메리카』 등과 같은 정기 간행물과 심지어 브리티시 에어웨이의 기내 잡지인 『하이라이프*High Life*』에 놀라운 사진들과 함께 등장하기도 했다. 라디오는 이 문제를 잘 다루어 주는 편이다. 내가 알기로, 2000년 1월부터 BBC의 다큐멘터리 채널인 라디오 3이나 라디오 4를 통해 언어의 죽음을 주제로 방송된 프로그램들이 십여 개에 이른다. 그중 하나는 30분짜리 4회 시리즈였는데, 〈할말을 잃고*Lost for Words*〉라는 제목이었다. 라디오는 어디서나 유사한 관심을 보인다. 미국, 캐나다, 호주를 비롯해 다른 여러 나라에서도 이와 같은 프로그램들이 제작되었다. 텔레비전은 반대다. 1990년대 중반부터 나는 영국의 여러 방송사에 언어의 죽음을 주제로 다큐멘터리나 미니시리즈를 제작하자고 열 번이나 제의를 했다. 이 중 세 건은 상당한 준비가 있었고, 하나는 대본도 만들어지고 부분적으로 촬영도 이루어졌지만, 어느 하나도 완성되지 못했다. 단 하나의 성공작은 (영국 외무부의 영화 사업 부문이었던) 인포네이션Infonation 사에서 제작한 〈바벨을 넘어서*Beyond Babel*〉라는 시리즈에 포함된 삽입 꼭지였다. 이 시리즈는 2002년에 50개국에서 촬영되었고, 지금은 DVD로 볼 수 있다. 이것은 우습게도 영어가 얼마나 세계적인 언어가 되었는지에 대해 설명한 내용이지만, 제작진은 동전에는 양면이 있다는 주장을 이해할 정도의 분별은 있었다.

텔레비전에서의 실패는 빙산의 일각이다. 2003년 현재까지 언어 전반을 소재로 한 텔레비전의 히트 시리즈물은 지구상 어디에도 존재하지 않는다. 물론 어린이의 언어 습득이라든가 수화, 말하기 장애와 같은 언어의 "도발적" 측면을 다룬 개별 프로그램은 있었다. 그리고 개별 언어에 대해서는 많은 시리즈물이 제작되었다. 영어는 예상대로 가장 많은 주목을 받은 언어였다. 1980년대에 8시간짜리 대작 〈영어 이야기*The Story of English*〉가 대서양을 사이에 두고 공동 제작되었고, 8시간 길이의 서사물 〈영어의 모험*The Adventure of English*〉은 2002년에서 2003년 사이에 영국 텔레비전에서 방영되었는데, 앞의 프로그램과 같은 주제를 매우 비슷한 방식으로 풀어 나간 작품이다. 극소수의 다른 언어들도 관심을 끌었다. 6부작인 〈웨일스어 이야기*The Story of Welsh*〉가 2003년 BBC 웨일스에서 방영되었다. 브르타뉴어와 아일랜드어, 기타 유럽의 소수 언어들, 호주, 미국, 캐나다의 원주민 언어에 대해서도 방송 프로그램이 제작되었다.

그러나 이 모든 경우에서, 창조적 에너지는 온전히 내면으로 향했다. 이 프로그램들은 모두 웨일스어, 브르타뉴 등 소멸 위기에 처한 언어가 개별 공동체에 미치는 영향에 대해서 다루고 있다. 그 어떤 것도 한 발 뒤로 물러나 언어가 죽어 가는 상황을 전체적으로 조망하지 못했다. 그나마 가장 나은 것은 한 가지 이상의 언어를 다룬 프로그램이다. 웨일스어와 프리슬란트어가 겪고 있는 유사한 위기를 다룬 2001년 네덜란드 텔레비전 방송 프로그램이 그중 하나였는데, 결과적으로 상황의 일반화에 이를 수 있었다. 또 다른 사례는 체코슬로바키아의 영화감독 미카엘 하바스Michael Havas가 진행 중인 "브라질리언 드림Brazilian Dream"이다. 크레나크Krenak 족이 사용하는 브라질의 한 언어를 다룬 작품인데, 세계적인 위기 상황을 상징한다고도 볼 수 있다. 이러한 관점은 진귀하다. 자신들의 언어가 처한 상황에 대해 크게 우려하는 사람들이 더 큰 그림을 위해 에너지를 보태는 것은 대단히 힘든 일이다. 그것은 근시안적인데, 소멸 위기에 처한 각각의 언어는 — 어떤 언어가 다른 언어보다 더 잘해 나가고 있는 이유와 같이 — 다른 언어의 상황에서 뭔가를 배울 수 있기 때문이다. 그럼에도 불구하고 2003년 현재 우리는 여전히 효과적인 텔레비전의 역할을 기대하고 있다.

지난 몇 년 동안 이 문제를 텔레비전 방송사와 논의할 기회를 가졌기 때문에 그들이 왜 그렇게 주저하는지 이해하게 되었다. 텔레비전 방송의 주제로 삼기에는 언어는 너무 추상적이고 복잡하다는 일반적인 고정관념이 존재하고 있다. 더 깊이 들어가면, 결정권자들은 학창 시절에 문법을 공부했던 경험을 떠올리거나(대부분의 방송국 간부들은 문장을 분석하고 규범문법을 공부한 세대이다) 촘스키와는 미지와의 조우처럼 접했는데, 그것이 그들을 겁에 질리게 한 것이다. 이들은 또한 주제의 보편성에 대해 우려했다. 언어는 시사나 코미디처럼 TV 분야와 깔끔하게 맞아떨어지지 않는다는 것이다. 이들은 시청자들로 하여금 채널을 돌리게 만들 학문적 접근법의 위험성으로 인해 경직되었다. 학문적인 내용이나 기타 지적인 내용을 담고 있지만 크게 성공을 거둔 TV 시리즈물이 있음에도 불구하고(마이클 우드Michael Wood의 셰익스피어에 관한 시리즈, 역사에 관한 사이먼 샤마Simon Schama의 작품, 윈스턴 경Lord Winston의 의약과 진화에 관한 프로그램 등), 언어에 관한 이야기만 나오면 그들의 눈은 흐려진다. 심지어 특정 언어 프로그램들도 영향을 받는다. 언어 프로그램은 언어학자들이 아니라 다른 분야의 저명한 사람들이 소개한다. 〈영어의 모험〉은 소설가이자 예술 전문 방송인인 멜빈 브래그Melvyn Bragg가, 〈웨일스어 이야기〉는 뉴스 아나운서인 휴 에드워즈Huw Edwards가 진행했다. 만일 21세기 초에 언어의 죽음에 대한 TV 시리즈가 만들어진다면 누가 그 프로그램을 진행할지는 하늘만이 알 것이다. 아마도 오프라 윈프리가 아닐까.

그런데 이것은 바람직하지 않은 일인가? 내용이 좋고 질이 확보된다면 방송계의 저명인사가 프로그램을 진행하는 것도 좋은 점이 많을 것이다. 만일 일반 대중이 언어의 죽음의 본질과 전망에 대해 심오한 지식을 얻게 된다면, 그리고 저명한 진행자들이 여기에 도움을 줄 수 있다면, 상향식, 하향식, 자금, 이 세 가지 범주가 최고의 힘을 발휘하며 작동할 것이다. 그러나 여기에 요구되는 것은 지식만이 아니다. 열정도 필요하다. 사람들이 언어의 죽음과 관련된 문제에 대해 열의를 가질 수 있어야 한다. 그들의 지성뿐만 아니라 감성도 관여해야 한다. 언어학자들은 1990년대 중반 이후 많은 일을 해왔는데, 주로 지성의 주도를 통해서였다. 이젠 상당수의 사람들이 예전에는 알지 못했던 언어 문제에 대해 지적으로 이해를 하게 되었다. 하지만 감성적으로 이해하는 사람들은 얼마나 될까? 멸종되어 가고 있는 동물 때문에 눈물을 흘리듯, 죽어 가는 언어 때문에 눈물을 흘리는 사람은 얼마나 될까? 언어를 되살릴 수 있다는 희망에 진정한 기쁨을 경험한 이들은 얼마나 될까? 〈바벨을 넘어서〉에서 캘리포니아 북부 후파 밸리에 사는 10대 소년 캘리 라라가 "우리가 여기 있는 한, 저 언덕이 존재하는 한, 우리의 문화가 살아 있는 한, 언어와 언어의 교육은 우리의 일이 될 것이다. 그것은 우리의 책임이다"라고 말했듯이 말이다. 그리고 그의 친구 실리스치-톤 잭슨은 이렇게 덧붙였다. "그것이 내가 해야 할 일이라면, 이 언어가 계속된다면." 이들 10대 청소년들이 보이는 태도는 생각뿐만 아니라 심장을 뛰게 한다. (10대 청소년기를 보낸 사람들은 청소년들이 섹스를 제외한 뭔가에 몰입하기가 얼마나 어려운지 알 것이다.) 이와 같은 축복을 함께 나눌 사람이 얼마나 될까? 사실 축복의 기회는 얼마나 많은가? 그리고 (세계 언어의 날, 세계 모국어의 날과 같이) 이런 기회에 대해 알고 있는 사람들은 또 얼마나 많은가? 이 질문들에 대한 답은 '아직은 매우 적다'일 것이다. 이것이 바로 21세기의 도전이다.

언어적 의식과 언어적 양심에는 분명한 차이가 있다. 우리는 사람들의 감수성에 개입해야 하는데, 이것은 대단히 어려운 과업이다. 내가 아는 방법은 두 가지뿐이다. 하나는 종교를 통하는 것, 또 하나는 예술을 통하는 것이다. 그리고 둘 중에는 예술이 좀 더 보편적이다. 왜냐하면 예술은 ~주의와 반~주의를 초월하기 때문이다. 고향의 한 아트센터 관장직을 맡으면서 미술, 조각 전시회, 영화, 연극, 콘서트, 온갖 형태와 규모의 공연들을 통해 내가 깨닫게 된 것은 예술은 나이와 계층에 관계없이 **모든 사람들**이 감상한다는 점이다. 물론 이들이 감동을 느끼는 예술의 종류는 서로 다르다. 하지만 추상 미술 전시회나 중세 음악 연주회는 지식인들의 것이라 외면하는 이들도 제임스 본드 영화나 어린이들을 위한 성탄절 판토마임을 보기 위해서는 아트센터를 찾는다. 또한 어느 가정에도 벽에 그림이 없거나 벽난로 주변에 장식물이 없는 곳은 없다. 예술은 모든 사람에게 전해진다. 오스카 와일드의 다음 말처럼 말이다. "우리 모두는 삶의 비밀을 찾으며 하루하루를 보낸다. 삶의 비밀은 예술 안에 있다."[1]

그렇다면, 소멸 위기에 처한 언어에 대한 메시지를 사람들에게 가장 직접적이고 참여적인 방식으로 전할 도구를 원한다면 예술을 최대한 활용해야 한다. 예술은 그 무엇보다 큰 도움이 될 수 있다.[2] 이 사실을 인정하는 사람은 많다. 미국의 시인 아처볼드 매클리시Archibald Macleish는 이렇게 말했다. "무엇이건 우리의 눈을 돌리게 할 수는 있다. 그러나 오직 예술만이 우리의 눈길을 붙잡는다." 역시 시인인 로버트 펜 워렌Robert Penn Warren은 이렇게 썼다. "시는 우리가 바라보는 것이 아니다. 그것은 오히려 우리를 볼 수 있게 해주는 빛이다. 우리가 보는 것은 삶이다." 다음은 피카소의 말이다. "예술이 진실이 아님을 우리는 알고 있다. 예술은 진실을 알게 해주는 거짓이다." 마치 언론과 예술의 차이점을 부각시키기라도 하듯, 에즈라 파운드는 이렇게 말했다. "문학은 뉴스를 유예하는 뉴스다." 이와 관련해서 가장 적절한 인용은 디즈레일리가 그의 소설 『커닝스바이Conningsby』의 머리말에서 한 말이다. "픽션은 시간의 정련 속에서 여론에 영향을 미칠 수 있는 가장 좋은 기회를 준다." 이들의 일련의 통찰로부터 얻은 나의 결론은 이러하다. 최고의 방법은 시각, 청각, 촉각, 미각, 후각 등 모든 감각적인 분야를 포함하는 가장 광의의 예술을 통하는 것이다. 그러나 가혹한 현실은 엄청난 괴리에 직면한다. 전문적인 언어학자들은 예술(광의의 의미에서)에 그다지 관심이 없고, 예술가들은 언어학에 별로 관심이 없다.

1990년대 이후 나는 자신의 영역 안에서 언어의 죽음에 대해 다룬 예술가들을 찾아보려 했지만 그 어떤 사례도 찾지 못했다. 나는 수백 명의 예술가들에게 시각 예술에서 뭔가를 알고 있는지 물었지만, 대부분은 모르고 있었다. 나는 지구와 동물 보호에 관한 전시회는 많이 보았지만, 언어 보호에 대한 것은 한 번도 보지 못했다. 나는 언어 전반을 주제로 한 그림들을 본 적이 있다. 하몬드 거스리Hammond Guthrie의 〈위드아웃워드WithOut Words〉가 아방가르드 온라인 잡지인 『써드 페이지 The Third Page』(2002년 겨울/봄호)에 말을 두려워 마라Non Angoro Vorto를 주제로 하여 실렸다. 하지만 언어의 죽음을 다룬 것은 없었다. 그러다가 우연히 조각 작품 하나를 보게 되었다. 뉴욕과 런던에서 선보인 레이첼 버윅Rachel Berwick의 살아 있는 조각이었다. 특수 새장 속의 훈련 받은 두 마리 아마존 앵무새가 이제는 사어가 된 마이푸레Maypuré어 어휘들을 말하고 있었다. 예술가들은 지속적으로 언어라는 용어를 사용하여 그것들의 역할을 규정하고자 한다. 사진 "의 언어," "우리에게 말을 거는" 그림들. 그러나 그것들도 주제로 언어 자체에 초점을 맞추지는 않는다.

　나는 음악과 춤이 특별히 이 주제와 관련되어 있을 것이라고 기대했을 수도 있다. 음악은 "인류의 우주적 언어"(롱펠로우),[3] "천사들의 언어"(칼라일), "유일한 세계 언어"(새뮤엘 로저스) 등으로 규정되었다. 우리는 이러한 비유가 작곡가들에게 동기를 부여해 언어를 소재로 하여 보표를 적어 내려가길 기대할지도 모른다. 그러나 나는 프랑스의 작곡가 장 보제Jean Vauget의 짧은 전자 라이브 공연 〈Instant sonore #5 pygmées〉

를 제외하고 이 주제를 분명히 드러낸 작품은 보지 못했다. 언어의 죽음이라는 주제는 최소한 교향곡, 환상곡, 오페라, 발레, 아니면 장르를 바꾸어 긴 재즈 작품이나 광시곡 정도는 되어야 한다. 대중 가수들도 언어의 현실에 대해 애도하지 않는다. 주제에 가장 가까이 간 음악 작품은, 갓프리 레지오Godffrey Reggio의 카시(호피 인디언의 언어) 3부작 중 두 번째 영화 〈포와카시 Powaqqatsi〉를 위해 필립 글래스Philip Glass가 작곡한 영화 음악이다. 〈포와카시〉는 "자신의 삶을 연장하기 위해 다른 존재의 힘을 소모시키는 삶의 방식(이 작품에서는 기술)"이라는 의미를 가지고 있다. 이 음악은 상실의 개념을 잘 표현하고 있지만, 레지오의 주제는 기술 발달로 빚어진 전반적인 문화 파괴이지 언어의 상실은 아니다. 하나의 매체로서 영화 자체는 전체 주제를 경시하는 것처럼 보인다.

시, 드라마, 소설, 단편 등 언어 예술 세계가 그 특성상 더욱 긍정적인 결과를 낳을 것이라는 점을 기대할 수 있지만, 역시 그러한 예는 찾아보기 힘들다. 어떤 소설도 언어의 죽음이라는 주제를 직접적으로 다루고 있진 않다. 비록 개별 문화나 언어 상황에 대해 고찰하는 몇몇 작품들이 있긴 하지만 말이다. 장 부두Joan Bodon(Jean Boudou)가 오크어의 죽음에 관해 저술했고(Lo Libre de Catoia 등의 작품), 아르헨티나 작가인 레오폴도 브리수엘라Leopoldo Brizuela는 영국과 파타고니아 문화의 상상의 만남에 대한 우화를 썼다(Inglaterra, una fabula). 또 아브하즈의 작가 바그라트 신쿠바Bagrat Shinkuba는 우비크어의 소멸을 주제로 작품을 썼다(*Last of the Departed*라는 제목으로 번역됨). 알퐁스 도데의 단편 「마지막 수업」을 기억할 것이다. 알사스 지방에서 프랑스어 대신 독일어가 사용된다는 소식을 접한 어린 학생들의 심리를 그린 작품이다. 그러나 언어의 죽음이라는 일반적인 주제를 다루고 있는 소설 작품은 전무하다. 호주의 작가 데이비드 말로프David Malouf의 단편 하나가 유일하다. 간결하고 박진감 넘치는 4페이지의 짧은 소설인 「그의 모국어의 유일한 화자The Only Speaker of His Tongue」에서 그는 마지막 언어 사용자를 방문한 사전 편찬자의 이야기를 담았다. 학자가 마침내 그를 만났을 때, 그들의 만남은 개인적인 회상의 시간을 불러온다. "내가 쓰는 언어가 그 누구의 입에서도 살아 있지 않을 거라 생각했을 때, 나의 죽음보다 더 깊은 전율을 느꼈습니다. 그것은 우리 종족 모두의 집단적 죽음과 같았으니까요."[4] 이것은 산문 형태로 쓰여진 시다. 그리고 시 장르로 옮겨가서, 같은 주제를 다룬 몇몇 작가들을 소개할 것이다. 나는 언어의 죽음이라는 주제와 관련된 시늘을 읽었고, 지금까지 서른 편 정도를 수집했다. 탁월한 시 「늪의 언어Marsh Language」는 캐나다 시인 마거릿 앳우드Margaret Atwood의 작품이다. 시는 다음과 같이 시작한다.

어둡고 부드러운 언어들은 침묵한다:
모국어 모국어 모국어
하나씩 저 달 속으로 빠져들어 간다.[5]

미국 작가 머윈W. C. Merwin의 작품도 몇 편 있다. 다음은「말을 잃어버리다Losing a Language」의 시작 부분이다.

> 하나의 호흡이 문장들을 남기고 다시 돌아오지 않는다
> 그러나 노인들은 그들이 했던 말들을 기억한다[6]

이런 시들에서 중요한 점은 그것들이 주제를 일반화하고 있다는 점이다. 이 작품들은 작가의 모국어가 처한 상황을 한탄하는 데 한정되지 않고, 그것을 넘어서고자 한다. 모두가 개인적인 경험을 통해 지구적인 상황을 고찰하고 있다. 어떤 작가들은 이 부분에서 대단히 뛰어나다고 할 수 있다. 웨일스 시인들 중 반복해서 이 주제로 작품을 쓴 사람은 영국 국교회 성직자인 토마스R. S. Thomas였다. 그는 웨일스어의 소실을 필사적으로 우려했다. 하지만「익사Drowning」라는 시에서 그의 성찰이 마지막에 웨일스를 초월해 어떻게 일반화되고 있는지 살펴보라.

> 그들은 대체될 수도 잊혀질 수도 없다.
> 교구민들과 웨일스어 사용자들,
> 내가 방관하는 사이
> 하나씩 하나씩 하나씩 사라진다.
>
> 그들은 흙으로 이루어지지 않았지만, 죽어 가며

땅에 공헌했다. 거름이 아닌

거름이 되어, 하지만 그로부터

시가 자라고 전설과 푸르른 이야기들이 자랐다.

그들의 불멸성이 부드러움으로 인해 성취되기 바랐다.

그들의 미소는 그토록 아름다웠고,

사방에서 빛났으며, 베어진 가지에서 피는 꽃들처럼

사철 싱그러웠다.

나는 그들 사이에서 불편하게 성직자 노릇을 했다

이 땅을 둘러싼 헝클어진 관목 사이 틈이 크게 벌어져

안쪽의 공허함이 드러나

메아리와 여윈 혼령들이 떠도는 모습이 보일 때까지.

진귀한 곳, 다른 장소와 구별할 수 있는 오직 한 곳

바다만큼 깊은 곳에서

사람들은 마지막 언어의 광물에 매달려

그것과 함께 가라앉아 기억되지도 비난받지도 않는다.[7]

요점은 너무도 분명하다. "다른 장소와 구별할 수 있는" 하나의 종족, 하나의 언어에 관한 이야기다. 그리고 물속으로 가라앉고 있는 언어의 이미지는 어느 곳에서라도 공명한다.

그러나 나를 가장 놀라게 했던 장르는 연극이다. 언어의 죽음이라는 주제를 설명하는데 가장 적합한 장르가 분명하기 때문이다. 그런 연극은 어디에 있나? 연극 분야에도 특정 언어나 문화 상황을 다룬 작품들이 있다. 잘 알려진 예는 브라이언 프리엘Brian Friel의 〈번역 *Translations*〉으로 아일랜드어를 소재로 하고 있다. 루이스 노라Louis Nowra의 〈황금시대 *The Golden Age*〉는 1939년 태즈메이니아 야생에서 발견된 어느 종족의 이야기이다. 이 작품을 위해 작가는 특별한 종류의 언어를 만들어 내기도 했다. 그러나 어떤 작품이 위험에 처한 언어 일반의 문제를 다루거나, 혹은 토마스의 시와 같이 개별적인 사례로부터 일반성을 이끌어 내는가? 20분짜리 걸작품인 해럴드 핀터의 〈산 언어 *Mountain Language*〉가 유일하게 알려진 예이다. 하지만 이 작품도 전체 상황의 일부인 언어적 대량 학살이라는 주제만을 다루고 있기 때문에 일반적인 효용은 거의 없다.

[언어의 죽음이라는] 주제에 기여하는 전문적인 희곡 작품이 부족하기 때문에, 나는 개인적으로 기여하고 싶다는 영국의 연극 연출가인 그렉 도란Greg Doran의 제안을 점검해 주었다. 그 결과물이 연극 〈리빙온 *Living On*〉(1998)이다. 이 연극은 내 생각에 최대한의 극적 가능성을 가진 주제를 취했는데, 그것은 "마지막 화자last speaker"였다. 나는 세계 곳곳에서 연구했던 인물과 전통을 바탕으로 전형적인 인물(샬레마Shalema)과 공동체를 창조했고, 그가 말할 수 있도록 언어적 보편성을 기초로 하나의 언어를 만들었다. 그러고 나서 그가 자손을 위해 언어를 기록할 것인가를 결정할 때 그에게 영향을 미친 자극과

긴장을 탐구했다. 다음 인용문은 자신의 언어를 기록하길 원하는 언어학자와 대화를 나누는 살레마의 심리 상태를 그리고 있다.

> 아침에 눈을 뜨면, 예전과 달리 내 머리는 더 이상 내 언어의 리듬으로 가득 차 있지 않다오. 이제 당신의 언어가 있어서, 낯선 방식으로 생각하게 만들며, 생소한 리듬 속으로 나의 생각을 밀어 넣고 있소. 나는 이제 내 언어가 어땠는지 잊기 시작했어요. 매일, 나의 언어가 새어 나가고 있는 듯 느껴져요. 한때는 나의 삶이었던 말들이 천천히 나를 떠나고 있소. 그것들은 자신들이 태어난 집으로 돌아가고 있소. 난 이제 더 이상 우리의 이야기를 능숙하게 말할 수 없게 되었소.[8]

이 희곡은 다양한 독자들에게 읽혔지만, 그 소재는 주요 극단의 관심을 끌지 못했다.

그리 놀라운 일은 아닐 것이다. 언어의 죽음은 "비주류 연극"에서뿐만 아니라 모든 분야에서 비주류이다. 그것은 시금까지 대부분의 사람들의 인식 바깥에 있었고, 그들은 이 위기가 무엇인지 이해하는 데 어려움을 겪고 있다. 다들 언어 자체의 문제에 대해서 생각해 본 일이 없었기 때문이다. 어쨌든 태도는 변화되어야 한다. 우리는 사람들이 언어에 대해 좀 더 구체적으로, 더 상세하게, 더 열정적으로 생각할 수 있도록 이끌 필요가 있다. 언어에 대한 관심은 분명히 존재한다. 사람들은 하나의 표현이 어디서 유래되었는지, 자신들이 살고 있는 고장의 명칭이 어떻게 불려지게 되었는지, 아이의 이름에 어떤 의미를 담을지에 대해 큰 관심을 보인다. 사람들은 분명 스크래블 게임이나 기타 말과 관련된 무수한 게임에 재미를 느끼고 있다. 이런 게임들은 라디오나 텔레비전에서 언제나 인기 있다. 그러나 관심을 전체적인 문제에 집중할 의지, 즉 감수성을 가동하여 언어의 소멸 상황을 그린 드라마를 충분히 이해할 준비는 제대로 되어 있지 않은 것이다. 이것은 예술가들이 이룰 목표이다.

나는 예술이야말로 우리가 대중의 관심을 언어의 죽음으로 이끌기 위해 활용할 수 있는 가장 침해 받지 않은 자원이라고 믿는다. 그리고 새로운 세기를 향한 나의 애틋한 소망은 국가적, 국제적 조직들이 언어와 예술 사업을 시작하고, 그 안에서 동원된 세계적 예술가들이 다양한 자원을 활용해 이 문제를 다루었으면 하는 것이다. 예술가는 특별한 사람들이다. 태생적으로 불가능이 없는 존재이다. 방법은 언어가 그것 자체로 하나의 문제가 된다는 사실에 그들이 주목하게 만드는 것이다. 암스테르담에서 루시 크리스틸Lucy Crystal이 "예술로서 언어와 언어로서 예술Language as Arts and Arts as Language" 프로젝트와 관련해 제안했듯이 말이다. 그녀는 유럽의 몇몇 작가들과 접촉했지만, 그 누구도 그러한 주제로 작품을 해볼 의사를 표현하지는 않았다. 하지만 모두가 참여 열의는 가진 것으로 확인되었다. 초기 구상에서 일련의 멋진 아이디어들이 나왔지만, 재원을 확보하지 못한 채 프로젝트는 중단되었다. 시

작 이후 두 가지 성과가 있었다. 2002년 애리조나에서 한 달간
의 프로젝트를 진행할 때였는데, 한 소규모 팀이 외진 벽촌의
아메리카 원주민 공동체 세 곳(호피Hopi, 나바조Navajo, 길라Gila)
의 젊은이들과 함께 작업을 했다. 이들은 젊은이들에게 디지
털 스토리텔링 기법을 사용하는 방법을 가르쳐, 그들 공동체
의 구술사를 영상으로 기록하도록 했다.[9] 그리고 2003년에는
다른 팀이 이탈리아 남부의 일부 마을에서 아직도 전해지고
있는 나폴리의 이야기하기 의식Tammurriata에 관한 영상 자료
를 만들었다. 이는 나폴리 근처 마이오리 지역의 연례 의식을
소재로 한 것이다. 이 시리즈의 이름은 "변방의 이야기: 생존
의 기술Stories from the Edge: the Art of Survival"이었다. 예술가
집단 내에 많은 관심과 전문가들과 잠재력이 있음을 알게 해
준 행사였다. 이것은 전 세계 어디에서나 마찬가지일 것이라
기대하고 있지만, 활용을 위해서는 계기가 필요할 것이다.

　　예술가들에게 기회를 주라, 그들은 기회를 붙잡을 것이다.
문제는 대부분의 작업에서 기회가 주어지지 않는다는 것이다.
그 이유는 언어적 문제에 대해 어떤 적극적인 반대가 있어서
가 아니라, 단지 사람들이 그 문제를 하나의 사안으로 생각해
본 일이 없기 때문이다. 2001년 나는 브라질에서 돌아올 때 아
름답고 반짝거리는 사진집 하나를 손에 쥐고 있었다. 그 책은
브라질의 작가와 사진작가들이 소멸 위기에 처한 공동체나 생
태계를 찾아 나서면서 제작된 것이다. 그렇지만 책 안에는 소
멸 위기에 처한 브라질의 언어에 대한 언급은 단 한 군데도 없

었다. 사라져 가고 있는 열대 우림의 규모에 대한 통계는 있었지만, 사라져 가고 있는 언어에 대한 이야기는 없었다. 내 짐작에 작가들은 단순히 그것에 주목하지 않았거나, 아니면 그것을 당연하게 여겼거나, 아니면 그것에 대해 망각하였을 것이다. 사진작가들은 그러한 소재를 사진에 담는다는 흥분되는 예술적 도전에 대해 상상하지 못했을 것이다.

가장 큰 효과를 낼 수 있는 세 영역, 즉 언론 매체, 학교, 가정에서 성과를 이루어내기 위해서는 예술이 필요하다. 그리고 이는 언어의 죽음이라는 현상을 되돌리는 데 있어 중대한 진전을 이룰 수 있는 활동이 무엇인지 알려 준다. 언론 매체의 경우, 우리는 작가, 인기 가수, 영화배우와 다른 유명인들의 기억할 만하고 인용할 만한 역할을 필요로 한다. 언어학자들은 작가들이므로 자신의 일을 하면 될 것이지만, 멋진 슬로건들은 예술가들의 입에서 나오는 것이 최고다. 언론 매체는 예술가들을 사랑한다. 만일 유명한 한 예술가가 손가락이라도 하나 잘린다면, 그 일은 사진과 함께 신문의 머리기사를 장식할 것이다. 하지만 언어학자의 목이 부러졌다면 석간 신문 17페이지쯤, 그것도 저 아래쪽에 이름 철자도 정확하지 않은 상태로 보도될 것이다.

학교의 경우, 이 주제를 교과 과정에 포함시켜야 하고, 이것은 작은 시작이 될 것이다. 영국에서는 예를 들어 언어의 죽음에 관한 주제가 보통 16세 정도에 배우게 되는 A 레벨 영어 교과 과정에 들어 있다. 그렇지만 16세도 너무 늦은 나이이다.

생태계의 위험에 대해서는 5살 때부터 배운다. 예술이 이 부분에서 도움이 된다. 야생 생물의 멸종을 주제로 한 수많은 학생들의 전시회가 있다. 언어의 멸종을 주제로 하는 전시회도 필요하다.

그러나 무엇보다 우리는 언어의 위기를 가정에 알려야 한다. 그리고 이를 위해서는 크게 봤을 때 두 가지 방법이 있을 뿐이다. 그것은 인터넷과 예술이다. 인터넷은 대단히 중요하지만, 아직 이 분야에서 크게 활용되지 못하고 있는 자원이다. 하지만 우리가 3장에서 논의했듯이, 인터넷은 나름대로의 문제점들을 가지고 있다. 즉, 아직도 인류의 많은 비율이 인터넷을 사용하지 못하고 있다는 것, 특히 음성이나 영상 자료를 다운 받을 때 느리고 성가시다는 것 등이다. 인터넷을 일상적으로 쓰는 사용자들은 정보의 홍수 속에서 간단한 메시지를 전하거나 알리는 것이 얼마나 힘든 일인지 알고 있다. 그러나 예술은 매일마다 모든 가정에 다양한 상호 강화의 방식으로 존재한다. 라디오나 텔레비전 프로그램, CD, DVD, 컴퓨터 게임, 벽 장식, 그림, 사진, 소설, 엽서, 문자 메시지로 보내는 시(최근에 젊은이들이 가장 쿨하게 여기는 예술적 매체) 등 형태는 다양하다. 너무도 많은 기회가 있지만 활용도는 아직 저조하다.

하나의 예는 많은 가정이 크리스마스카드를 받는 크리스마스 때이다(하지만 같은 원리가 다른 축제에도 적용될 수 있다). 두 개의 언어가 쓰여진, 혹은 여러 종류의 언어가 함께 사용된 카드를 받게 된다면 어떨까. 내용은 메리 크리스마스, 해피 뉴이어 등 모두 건전하다. 한 언어의 마지막 사용자가 자신의 언어로 ─ 아마도 마지막으로 ─ 성탄을 축복하는 카드를 보낸 적은 없었던 것 같다. 아람어로 된 카드는 존재하지 않을 것이다. 아람어는 예수와 그의 제자들이 사용했던 말로 중동 지역에서 멸실 위기에 놓여 있다. 만일 예수가 재림해 자신의 모국어를 사용한다면, 그는 아무도 자신의 말을 이해할 수 없다는 것을 곧 알게 될 것이다.

언어의 위기와 관련된 주요 주제들이 예술로 대접 받는 곳은 없다. 그 어떤 예술가의 작품에서도 조부모와 손자의 소통의 격차에 관한 내용이 묘사되거나, 이 분야를 특징짓는 인상적인 다른 이미지를 본 일이 있는가? 분명 이미지가 부족한 것은 아니다. 다음 시 작품은 토마스의 「생각은 상처를 남긴다It Hurts Him to Think」이다.

그

기업인들이 왔다.

국가의 시신 속에 얼어붙은 피를 얻고자

굴을 파며 왔다.

나는 그들의 더러운 양육 속에서 태어나

내 어머니의 오염된 젖과 함께

그들의 말을 빨아먹었고,

그래서 내가 토해 내는

모든 것은 여전히 그들의 것이다.[10]

"내 어머니의 언어적으로 오염된 젖"과 같은 이미지는 다른 매체에서 상상을 통한 묘사를 절규한다. 하나 더 살펴보자. 같은 작가의 시 「저수지Reservoirs」이다.

> 나는 물가를 걸었다
>
> 한 시간 정도 그리고 영국인을 보았다.
>
> 우리 문화의 잔해를 청소하며, 모래로 덮고 있었다.
>
> 물결처럼, 거친 물결처럼
>
> 우리의 언어를 팔꿈치로 쳐서
>
> 무덤 속으로 쓰러뜨리고 있었다.
>
> 우리 손으로 파 놓은 무덤이었다.[11]

"언어를 팔꿈치로 쳐서 무덤 속으로 쓰러뜨리고" 역시 놀라운 이미지이다. 그리고 서서히 성장하는 시 문학 속에서 이와 같은 극적이고 잊을 수 없는 이미지들을 많이 찾아볼 수 있다. 어떤 사람들은 이러한 이미지를 충격적이라고 느낄 것이다. 어쩌면 불쾌한 기분을 느낄 수도 있다. 하지만 최소한 사람들을 일어나 앉게 하고, 그들의 관심을 끌 수는 있을 것이다.

따라서 언어의 문서화와 분석에 걸맞은 기술적 관심과 함께, 새로운 세기에 시작할 과업은 일반 대중과의 소통에 초점을 맞출 필요가 있다. 언어학자들과 예술, 언론 매체 분야의 협력은 가장 가능성이 높은 접근법이다. 또 협력을 용이하게 할 방법을 찾을 필요도 있다. 최소한 언론인이나 방송인들, 예술가들이 사용할 수 있는, 위기에 처한 언어들을 위한 문서보 관소나 도서관이 필요할 것이다. 이들이 현재 상황을 설명해 주는 사례를 손쉽게 찾아 자신들의 논점을 정립할 수 있도록 말이다. 한 가지 방법으로 도서관처럼 공공 보관소를 지어 작 품을 복사해 갈 수 있게 하면 어떨까. 라디오 프로그램, 잡지 기사, 마지막 언어 사용자 인터뷰, 공동체의 지도자들, 공동체 에 대한 짧은 영상 자료 등 언어의 죽음과 관련된 자료들이면 된다. 그리고 예술가들의 관심을 끌 수 있는 긍정적인 조치들 이 취해져야 한다. 상을 주는 것도 하나의 방법이다. 현대 사 회는 각종 포상에 사로잡혀 있다 해도 과언이 아니다. 오스카, 그래미, 에미, 골든 글러브, 부커스, 퓰리처, 콩쿠르 등등. 터너 상의 연례 시상식은 종종 논란이 되는 수상자 때문에 예술의 본질에 대한 뜨거운 논쟁을 일으킨다. 죽음의 위기에 처한 언 어를 다루는 분야에서도 예술적 성과를 치하하는 상이 필요하 다. 수상자를 세계 언어의 날에 발표하는 것도 좋을 것이다.

5. 21세기의 언어적 주제들

1990년대에 너무도 많은 언어적 혁신과 변화가 있었기 때문에, 우리가 20세기에 언어에 대해 가지고 있었고 또 당연시해온 몇몇 가정들은 21세기를 맞아 수정되어야 한다. 세계 공용어로 부상한 영어는 언어적 힘의 균형을 유례 없는 방식으로 바꾸어 놓았고, 언어와 언어들에 대해 완전히 새로운 태도를 양산했다. 많은 언어 공동체들이 그들의 언어적 특성을 변화시킬 수 있는 상황에 의해, 혹은 더욱 사정이 안 좋을 경우 그들의 언어 사용을 급격히 위축시켜 언어의 존폐마저 위협하는 원인에 의해 위기의식을 느끼기 시작했다. 일부 공동체들은 언어 보호 정책을 도입할 필요가 있다거나, 최소한 그들이 경험하고 있는 언어적 변화의 파급 효과를 관리할 방식을 찾아내야 할 필요가 있다는 것을 알아가고 있다. 유럽연합과 같은 국제적 규모의 공동체에서 사실상 모든 사람들이 영어를 사용한다는 현실적인 사실을 받아들여야 함과 동시에, 언어 등위⁂

位의 원칙을 지킬 더욱 정교한 정책이 실행되어야 한다. 동시에 공동체들은 국제 공용어의 사용으로 가능해진 권한을 얻고자 기회를 활용할 것이다. 이들은 자신들이 새로운 방법을 택해야 한다는 것을 깨닫고 있다. 자원을 영어 교육에 쏟아 붓고, 경영학 고학년 과정에 영어 과목을 도입하고(최소한 국제적 업무와 관련된 기업들을 위해), 관광 산업 유지를 위해 중요 명소에 영어 통역 설비를 갖추는 것 등이 그것이다.

그때, 영어 사용자들의 공동체 안에서는 사용자들이(학생과 교사를 포함해서) 빠른 속도로 다양화되는 언어를 파악해야 한다는 것을 알게 되면서 어느 정도의 혼란이 있다. 영어권 내에서도 지역적 표준의 발전과 증가하는 "신종 영어들"이 한때는 영국식 영어와 미국식 영어가 지배했던 세계를 복잡하게 만들고 있다. 더욱이, 변화의 과정은 인류에게 제3의 소통 매체뿐만 아니라(그 잠재성은 아직 활용 초기 단계일 뿐이다), 글로 쓰여진 모든 언어들을 종이에서 스크린으로 옮겨, 시각적 해석의 과정을 시작하게 해준, 그리고 넷스피크의 형태로 새로운 언어적 변형들의 등장을 촉진한 인터넷의 도래로 급격한 영향을 받았다. 여기에도 역시 새로운 정책과 전술이 필요하다. 외국어로서 영어를 가르치는 교사들은 학생들이 새로운 영어의 형식들을 접할 수 있도록 활동 영역을 넓혀야 할 것이다. 이것은 세계화된 시각을 채택한 교육 자료와 검증 체계로서 많은 관심을 받게 될 것이다. 그리고 모국어 교사들 역시 지금까지 표준어로 향하던 배타적 관심을 국가적으로나 국제적으로 지역의 억양과 방언을 존중하는 접근법으로 대체해야 할 필요성을 느끼며 적응을 강요받고 있다. 그러나 영향을 받는 것은 교육뿐만이 아니다. 모든 사람들은 인터넷의 언어적 가능성(좋은 것이든 나쁜 것이든)에 익숙해져야 한다. 그리고 적당한 관리 전략을 개발해야 한다. 문서의 법적인 지위나 창조적인 작품의 저작권과 관련한 일들도 모두 포함된다.

세계무대에서 영어의 두드러짐과 현대 사회에서 인터넷의 역할은 각기 다른 방식으로 지구의 언어적 다양성과 관련해 황폐화를 유발한 세계화의 과정을 반영한다. 지구상의 언어들이 맞이하고 있는 위기가 그 규모와 위급함에 있어 사상 초유의 것임은 의심의 여지가 없다. 그리고 21세기에 들어서서 그 위기는 각국 정부와 국제기구, 박애주의자, 예술가, 그들의 삶에서 언어의 중요성을 인정한다고 공언한 활동가들의 주요 책임이 되고 있다. 지구상 어디에선가 2주마다 하나의 언어가 사라지고 있다는 사실은 멸종 위기에 처한 식물과 동물 종들의 규모를 작아 보이게 하며, 특별한 대책을 요구한다. 많은 소수 언어들과 소멸 위기에 처한 언어들이 활용 무대를 확보하는 데 단기간에 큰 성과를 보인 것은 인터넷의 도움 때문이다. 인터넷은 이들 공동체가 10년 전만 해도 꿈꿀 수 없었던 일정 수준의 표현의 장을 제공한다. 그러나 인터넷은 가장 긴박한 위험에 처한 언어들 중 2/3 이상에게는 도움이 될 수 없기 때문에 이를 대체할 전략이 필요하다. 우리는 지난 몇 년간 세계 곳곳을 취재한 활동가들 덕분에 정치적·재정적 의지만 있다면 언어의 문서화와 소생은 성공적으로 이행될 수 있음을 알게 되었다. 이것이 21세기가 직면한 언어와 관련된 주된 도전이다. 2003년 유네스코 언어 위기 회의는 가야 할 방향을 향해 중요한 한 걸음을 내딛은 것이었다. 그것이 작은 걸음이 될지 큰 걸음이 될지는 지켜봐야 할 것이다.

내가 분석한 혁명적인 10년 동안의 세 가지 트렌드는 여러 가지 방식으로 연관되어 있고, 장기적인 전망의 중요성을 암시하고 있다. 언어를 촉진하고, 지원하고, 보호하고, 관리하고, 가르치고, 축적하기 위해 행동에 나서는 것은 있는 그대로의 언어의 본질에 대한 특정한 인식을 전제로 한다. 언어란 무엇인가? 인류의 역사에서 말은 어떻게 발전해 왔는가? 개인의 삶에서 말은 어떻게 발달했는가? 읽기와 쓰기는 어떻게 발전했는가? 언어는 어떻게 구성되었는가? 언어는 얼마나 많은 방식으로 사용될 수 있는가? 모든 언어에서 공통으로 발견되는 소리, 문법, 의미의 특성이 있는가? 이런 질문들은 언어학의 요체이지만 일반적인 흥미와 일상의 언어적 문제 해결과 관련하여 언어학을 훌쩍 넘어서는 주제이다. 사람들은 다양한 이유로 모국어나 외국어를 배우고, 통역·번역, 사전의 사용, 표현의 정확성과 명확성의 확보, 그리고 언어를 생산하고 이해하는 능력에 결정적인 성패 여부가 달린 기타 실제 업무 과정에서 이 같은 사안과 과정을 다루어야 하기 때문이다. 이것은 진부한 진리처럼 보일 수도 있다. 그러나 여전히 언급할 필요는 있다. 전 지구적 소통의 시대에 살고 있는 모든 사람들은 언어에 대해 인식할 필요가 있다.

학교는 도움이 될 수 있고, 실제로 도움이 되고 있다. 특히 1990년대 이후 일부 지역에서 새 교육 과정을 도입하여, 새롭고 흥미로운 방식의 언어 학습의 원리와 그 활용으로 학생들의 주목을 받았다. 그러나 여전히 성인들의 무르익은 호기심과 필요성을 충족시킬 수 있는 교육 기관은 눈에 띄게 부족하다. 이 분야를 다른 교육 분야와 비교해 보는 것은 흥미롭다. 식물학이나 동물학, 지질학, 직물, 운송, 역사, 예술, 과학 기술에 관심이 있다면 우리는 적당한 박물관이나 전시장, 미술관, 공연장이나 그 주제를 위해 마련된 장소를 찾아 관심을 충족시킬 수 있다. 모든 주요 도시에는 미술관이나 자연사 박물관 같은 공간이 있다. 그렇다면 언어를 위한 "갤러리"는 어디에 있는가? 언어가 어떤 역할을 하는지, 어떻게 사용되는지, 어떻게 발전되는지 찾아볼 수 있는 장소는 도대체 어디에 있는가?

영국에서 1990년대는 또 다른 측면에서 혁명적이었다. 일군의 전문가들이 "언어의 세계"라는 아이디어를 주창했는데, 그것은 다른 분야와의 격차를 메울 수 있는 것이었다. 이 주제로는 최초의 시도였는데, 계획에 의하면 건물을 정해 건물의 각 층이 말의 세계, 글의 세계, 의미의 세계, 언어의 세계, 언어학의 세계를 상징하도록 한다는 것이었다. 영국 서더크 소재의 한 건물은 셰익스피어 글로벌 극장 바로 옆에 위치해 관심을 끌기도 했다. 이 계획은 상당한 진전이 있었고, 영국문화협회의 지원도 확정되었다. 단지 사업 시작을 위해 정부의 소규모 지원만 기다리고 있었다. 모든 것이 순조로워 보였다. 그러나 갑자기 정부가 다른 사업을 지원하겠다며 입장을 바꾼 것이다. 그것은 밀레니엄 돔의 건설이었다.

돔 사업에 낭비된 자금만 있었어도 스무 개의 "언어의 세계"를 만들 수 있었다. 아직은 한 건물도 완성되지 않았다. 세계 각국에서 유사한 아이디어들이 속출했다. 다양한 사업들로 "언어의 도시," "언어적 풍경으로서의 마을" 등 그 명칭도 갖가지였다. '키예프 언어교육박물관'을 비롯해 그중 몇몇은 이미 완성되었지만, 규모는 대단히 작다. 몇몇 국가에서는 핀란드의 호이레카박물관, 오사카 소재 일본 국립민족학박물관 등과 같이 언어라는 주제가 좀 더 광범위한 영역의 일부로 포함되기도 한다. 물론 영국에 있는 박물관들을 비롯해 많은 박물관들은 글쓰기의 역사를 주제로 한 전시실을 따로 마련해 두고 있다. 그리고 '미국 언어 유산 가상박물관,' '유럽현대언어센터'의 초기 사업인 "언어의 집" 등과 같이 실제로 몇몇 프로젝트들이 진행 중이다. 그러나 모두가 재정 압박에 시달리고 있으며, 제안 단계를 넘어 진척된 것은 극히 일부에 불과하다. 인간 사회와 그 사고 속에서 언어가 담당해 온 명백히 근본적인 역할에도 불구하고 그에 걸맞은 교육을 제공하는 데는 놀라울 정도로 주저하고 있다.

사상 최초의 종합 "언어 갤러리"가 건립되기를 우리는 여전히 기다리고 있다, 아마도 21세기에는 가능하지 않을까. 이제 새로운 천 년의 언어적 태도의 특징이 될 주요 전제 조건을 되새기면서 글을 끝맺고자 한다.

I 최우선 과제는 위기에 처해 있는 언어들에 대한 더욱 큰 관심이다. 관심은, 실제적인 언어 문서화 작업은 차치하고라도, 정치적 지원을 위한 로비 활동, 공동체 차원의 지원 제공, 모금 등 여러 가지 형태로 나타날 수 있다. 모든 언어 사용자들, 특히 자신의 언어가 현재까지 어떠한 위험도 겪어 보지 않았다면 이 점에 대해 숙고해 뭔가 도움이 될 만한 일을 해야 한다.

II 소수 언어들은 국제적인 의미에서 크게 위험에 처해 있지 않다 하더라도 곧 우려할 만한 상황이 닥칠 수 있음을 명심해야 한다. 모든 언어는 사용자의 정체성을 표현하지만, 특히 그 사용자들이 큰 집단에 속한 소수 집단이라면 언어의 역할은 대단히 중요하다. 그들은 자신의 언어가 주류 사회에서 존중되길 원하며, 공식적으로 사용되고 가치를 인정받을 수 있는 기회를 가지길 원한다(대부분의 경우 자금 지원). 다른 사람의 언어적 자긍심을 부정하면서 자신의 언어가 이룬 성과에 자긍심을 느끼는 것은 지적인 거짓이다.

III 우리는 사투리와 방언에 더 큰 관심을 기울여야 한다. 이 책에서 우리는 언어가 한 지역에서 다른 지역으로 전해지면서 나타나는 다양한 형식들을 받아들일 자세에 대해 논의했다. 우리가 모든 종류의 음악이나 문학을 좋아하지 않듯이, 이러한 변종을 개인적으로 좋아할 필요는 없다. 그러나 지금까지처럼 일부 방언들(주로 농촌 지역의)이 추하고, 거칠고, 지저분하다고 비아냥거려서는 안 된다. 혹은 다른 사용자들이 우둔하고 한심하다는 평가를 내려서도 안 된다. "끝없는 경계"는 한때 순화주의자들과 규범적 언어학자들의 슬로건이었지만, 21세기가 시작되면서 점점 그 힘을 잃고 있다. 새 시대의 언어적 슬로건은 "끝없는 수용"이되어야 한다.

IV 언어의 표현의 폭을 넓히기 위해 관심을 쏟는 것도 우리가 할 일이다. 이는 구어이든 문어이든, 형식적이든 비형식적이든, 지역적이든 사회적이든, 국내적이든 전문적이든 관계없이 모든 종류와 형식을 존중함을 의미한다. 이는 언어가 많은 필요와 활동을 반영함을 인정함과 동시에 우월한 표준에 관해 우려함을 의미한다. 언어의 목적 중 하나는 잘 알려져 있듯이 정체성의 표현이며, 또 하나는 상호 이해 증진이다. 이것은 언어가 분명해야 함을 의미하고, 혼돈을 피하기 위해 주의를 기울여야 하며, 표현의 미묘함에 주의하면서 운용되어야 함을 뜻한다. 오래 전부터 학교에서는 어린이들에게 표준어를 습득하도록 주의를 기울여 왔다. 이젠 국내에서(최근에는 국제적으로) 상호 이해가 가능한 소리와 문법, 어휘에 초점을 맞춰 교육이 행해진다. 과거에는 지역 방언을 대체해 표준어를 교육했지만, 지금은 표준어와 방언 모두의 가치를 인정하는 추세이다.[1]

V   우리는 사고 속에서, 우리의 능력 속에서 더욱 다중 언어적이 되어야 한다. 아직도 그 기질상으로 단일어적 성격을 지닌 문화가 많이 남아 있다. 비록 깨닫지 못한다 해도, 그 문화는 손해를 볼 것이다. 비록 문화적으로 우수하더라도, 그 문화는 식민지적 과거에 사로잡혀 성장기에 제2언어를 일상적으로 사용하지 않음으로 인해 지적인 기회를 잃게 된다. 2장의 내용 중 에머슨의 말을 상기해 보자. "많은 언어를 알수록, 많은 친구를 알수록, 많은 예술과 직업을 알수록 사람은 더욱 인간다운 인간이 된다." 그리고 그 이득은, 이제 사람들이 깨닫기 시작한 것처럼, 개인적인 것인 동시에 경제적인 것이 될 수도 있다.

VI   언어의 변화를 일상적인 과정으로 받아들여야 한다. 변화를 변질이나 퇴락으로 보고, 이런 문제로 언론이나 총리, 혹은 우리의 바람을 들어줄 그 누구에게 불

만을 제기해서는 안 된다는 뜻이다. 언어와 관련해서
이처럼 많은 시간 낭비를 초래한 경우도 없을 것이다.
언어의 변화는 피할 수 없고, 지속적이며, 세계적이
고, 다각적이다. 언어는 변화의 과정 속에서 더 좋아
지거나 나빠지는 것이 아니다. 언어는 단지 변화할 뿐
이다.

VII 의학적, 심리학적 혹은 기타 여러 가지 이유로 자신의
모국어를 배우는 데 어려움을 겪는 사람들에게 관심
을 보여야 한다. 어린이의 10%에 이르는 비율이 듣기,
말하기, 읽기, 쓰기 장애로 어려움을 겪는다. 청각 장
애, 구개 파열, 난독증, 언어 지체는 언어 병리학자 등
언어 전문가 집단을 형성하는 조건의 일부일 뿐이다.
이 분야 역시 재정 지원이 부족하다.

VIII 한때 유창하게 사용하던 모국어 사용 능력을 잃게 된
사람들에게 큰 관심을 보여야 한다. 이 역시 언어 병
리학의 세계이지만, 이제 우리는 성인의 뇌졸중이나
기타 뇌 손상으로 초래된 언어적 결과물에 대해 논하
고 있다. 가장 잘 알려진 증상으로는 실어증이 있지만
말더듬과 같은 다른 장애들도 있다. 이러한 장애들은
공감적 이해와 진지한 연구를 함께 필요로 한다.

IX   언어와 문학 연구를 통합할 필요가 있다. 각급 학교, 대학, 언어 연수 기관들은 두 영역 사이에 날카로운 금을 긋기 일쑤다. "언어"는 한 교실에서 강의되고 "문학"은 다른 교실에서 수업이 진행된다. 이제 언어적 지식을 문학 수업에 도입할 시간이 되었다. 양쪽 모두 결국 창조력에 초점을 맞춘다. 언어는 새로운 표현과 문장의 창조를 통해 발전하고 변화한다. 그것은 새로운 맥락의 창조를 통해 이루어지는 문학이다.

X   마지막으로 우리는 인류의 발전과 사회 속에서 언어의 가치를 진심으로 인정해야 한다. 언어는 국가의 보물로 여겨져야 하고 그렇게 다루어져야 한다.

옮긴이의 글

인류가 이 지구상에 출현한 이후 사람들은 다양한 공동체를 이루고 살아왔다. 그 소통의 도구는 언어였다. 처음에는 구전으로, 문자의 발명 이후에는 문자로 인간의 역사는 기록되었다. 언어는 마치 공기나 물처럼 우리의 안과 밖에 존재하며 역사와 영혼을 선사한 도구였지만, 생물 종들이 그러하듯 많은 종류의 언어들이 흔적도 없이 소멸해 어둠 속으로 사라져 가고 있다. 바로 지금도 인류의 소통의 도구이자 소중한 지적 자산이 빠른 속도로 사라져 가고 있지만, 우리는 희귀 생물의 멸종에는 관심을 보여도 언어의 죽음에 대해서는 무관심하다. 대부분의 사람들은 언어가 사라지고 있다는 사실조차 인식하지 못하고 있다. 언어에 무슨 일이 일어나고 있는가. 이 책은 언어의 역사를 되짚어보고, 그 미래를 예측해 보는 소중한 기회를 제공한다.

이 책은 세 가지 큰 주제를 다루고 있는데, 첫째, 왜 영어가 세계 공용어인가, 둘째, 언어의 죽음, 마지막으로 언어와 인터넷이다. 언어의 역사와 미래를 생각할 때 빼놓을 수 없는 것이 세계 공용어로 떠오르고 있는 영어의 존재감이다. 지은이는 언어에 전례 없는 혁명이 일어나고 있다고 주장하며, 아무도 언어의 미래를 예측할 수 없다고 말한다. 영어가 인류 최초로 공용어 지위를 획득했다는 사실은 이 혁명의 한 축이다. 영어는 북미, 오세아니아, 아시아와 아프리카 일부 국가에서 모국어로 사용되는 것을 포함해, 70여 개국에서 공용어의 지위를 획득했고, 100여 개국에서 제1외국어로 대접 받고 있다. 영국문화협회는 전 세계에서 10억 명 정도가 영어를 배우고 있다고 추산했다. 이는 과거 라틴어도, 영어 다음으로 많이 사용되고 있는 프랑스어도 넘보기 힘든 아성이다.

영어가 세계 공용어로 부상한 것이 언어적으로 뛰어난 때문이라고 주장하기는 어렵다. 영어는 여러 언어들이 뒤섞여 변화 발전한 언어로, 규칙이나 용법에 일관성이 부족하고, 여러 가지 적잖은 맹점을 가지고 있지만, 영국의 식민지 개척과 산업혁명을 계기로 확산되었다. 현재는 전 세계로 전송되는 방송, 영화, 뉴스, 인터넷을 통해 세력이 더욱 커지고 있다. 하지만 사용자의 3/4이 원어민이 아니라는 현실은 영어의 개별화, 지역화를 예상하게 한다. 저자는 영어의 원심력(토착어와 어우러진 신종 영어 출현, 영어의 지역화)과 구심력(세계인의 의사소통을 위한 영어의 표준화)라는 탁월한 표현으로 이를 비유하고 있다. 영어는 동시에 작용하는 원심력과 구심력 속에서 표준의 범위를 확장하고 타 언어와 혼합되어 거대한 생명체로 변화 발전하게 될 것이라고 지은이는 예언한다. 이와 함께 지은이는 군소 언어가 위축될 수 있다는 현실적 가능성을 제시하기도 하지만, 영어 어휘의 4/5가 로망스어, 라틴어, 그리스어에서 차용되었다는 사실을 예로 들면서 언어란 서로 영향을 주고 받으며 발전해 가는 유기체이므로 언어 순화주의에 입각한 차용어 반대보다는 차용어를 통합하는 창조적 전략이 필요하다고 결론 짓는다. 21세기에는 영어가 특정 집단의 소유에서 벗어나 사용하고자 하는 모든 사람에게 열릴 것이며, 영어 어족이 탄생할 가능성이 점쳐지고 있다.

지은이는 또한 소멸 위기에 처한 언어들에 대해서도 심도 있게 다루고 있는데, 현재 남아 있는 전 세계 6,000여 개 언어들 중 절반이 21세기가 끝나기 전에 사라질 것이라는 어두운 전망을 제시한다. 1999년 미국 서머언어학연구소의 통계 자료에 따르면, 한 사람의 사용자를 가진 언어가 51개, 100명 이하가 500여 개, 천 명 이하가 1,500여 개, 만 명 이하가 3,000여 개, 10만 명 이하의 사용자를 가진 언어가 5,000여 개로, 세계 인구의 4%가 96%의 언어를 사용하고 있는 것으로 나타났다. 언어적 다양성의 소멸이 빠른 속도로 진행되고 있는 것이다. 이 원인을 영어의 지배적 구조에만 돌릴 수는 없다. 식민 지배 등을 통한 문화적 동화, 인종 · 종교 간 대립, 자연재해, 전쟁, 국가적 재앙, 인종 말살 등 소규모 언어 공동체들을 위협하는 요소는 수없이 많기 때문이다. 유럽은 사라져 가는 웨일스어, 게일어, 카탈로니아어 등의 소수 언어를 지키려는 노력을 진행하고 있다. 이미 늦었지만 멸종 위기에 처한 언어에 대한 문서화, 자료 정리, 저장 등을 통한 언어 소생 노력이 절실한 시점이다. 가장 건강한 생태계는 가장 다양한 생태계라고 하지 않는가. 이 책을 읽은 독자라면 생물학적 종의 보호와 마찬가지로 지적이고 문화적인 종의 보호를 위한 노력이 적극적으로 시작되어야 한다는 사실에 이론을 달지 않을 것이다.

인터넷의 확산은 인류에게 새로운 언어적 매체를 제공했다는 점에서 혁명이라는 표현이 과하지 않다. 인터넷은 전자적, 범지구적, 상호 작용적 매체로 구두점과 어법이 무시되고, 신조어가 대량으로 만들어지는 등 새로운 스타일의 온라인 언어가 만들어지는 장이 되고 있다. 인터넷은 초기엔 영어가 주를 이루었지만, 이제 영어뿐만 아니라 모든 언어에 광활한 무대를 제공하고 있는데, 저자는 이를 "웹의 비영어화"라는 표현으로 설명하고 있다. 또한 인터넷이라는 시간과 장소를 초월하는 소통 매체를 통해 언어의 죽음을 알리고, 소멸 언어의 재생에 힘을 실어줄 수 있는 자원을 제공받을 수 있다는 점도 저자는 간과하지 않는다.

21세기 인류는 인식을 하든 하지 못하든 관계 없이 세계 도처에서 일고 있는 "언어 혁명"의 영향력 하에 살아가고 있다. 점점 새로운 모습으로 변화하며 큰 힘을 얻고 있는 영어, 빠른 속도로 사라져 가는 수많은 언어들, 인터넷의 확산… 우리는 이와 같은 변화 속에서 굳건히 중심을 잡아야 한다. 인류의 귀중한 역사이자 유산인 언어의 가치를 새로이 인식하고 올바른 전략을 세워야 할 것이다. 세계 공용어로 부상하고 있지만 빠른 속도로 지역화가 진행되고 있는 영어를 어떻게 받아들이고 활용할 것인지, 그 외 중국어를 비롯한 주요 외국어, 다양한 세계 각국의 언어와 문화를 어떻게 수용해 나갈 것이며, 무엇보다 우리의 모국어를 어떤 정체성을 가지고 보존, 발전시켜 나갈 것인지에 대한 깊은 장고가 필요하다. 이와 같은 소중한 깨달음을 위해 사고의 지평을 넓혀 줄 이 한 권의 책을 권하는 바이다.

주

1. 영어의 미래

1. Letter to the President of Congress (1780년 9월 5일), C. F. Adams (ed.), *The Works of John Adams* (Boston: Little, Brown, 1852), p. 250.

2. 이 주제에 초점을 맞춘 세 권의 책은 다음과 같다. 나의 저서 *English as a Global Language* (Cambridge: Cambridge University Press, 1997, 2nd edn 2003), 1장의 내용은 이 책을 기초로 한다; David Graddol, *The Future of English* (London: The British Council, 1998); Tom McArthur, *The English Languages* (Cambridge: Cambridge University Press, 1998).

3. 2000년 3월 27일에서 4월 10일까지 *American Prospect* 11(10)에 실린 Geoffrey Nunberg의 "Will the Internet always speak English?"

4. *Encyclopedia Britannica Book of the Year* (1995), p. 245에 실린 David Robinson의 "The Hollywood conquest."

5. Sridath Ramphal, "World language: opportunities, challenges, responsibilities," 1996년 영국 Harrogate에서 열린 World Members' Conference of the English-Speaking Union에 제출한 보고서이다.

6. Jean and William Branford (eds), *A Dictionary of South African*

English (Cape Town: Oxford University Press, 1978); Joan Hughes (ed.), *The Concise Australian National Dictionary* (Melbourne, Oxford University Press, 1989); F. G. Cassidy and R. B. Le Page (eds), *Dictionary of Jamaican English* (Cambridge: Cambridge University Press, 1967).

7. Tom McArthur, *The English Languages* (Cambridge: Cambridge University Press, 1998), p. 13.

8. Richard Mulcaster, *The First Part of the Elementarie* (1582, E. T. Campagnac ed., Oxford, 1925), p. 256.

2. 언어의 미래

1. Manfred Görlach, *A Dictionary of European Anglicisms* (Oxford: Oxford University Press, 2000), pp. 1-2.

2. David Crystal, *Language Death* (Cambridge: Cambridge University Press, 2000) 참조. 본서의 2장 — 첫 부분은 제외하고 — 은 위의 책에 기초하였다.

3. Dónall Ó Riagáin (ed.), *Vade-Mecum: A Guide to Legal, Political and Other Official International Documents Pertaining to the Lesser Used Languages of Europe* (Dublin: European Bureau for Lesser Used Languages) 참조.

4. Oliver Wendell Holmes, Sr., *The Professor at the Breakfast Table* (Boston: Ticknor and Fields, 1860), p. 46.

5. James Boswell, *The Journal of a Tour to the Hebrides* (London: Charles Dilly, 1785), 1773년 9월 18일 기록됨.

6. Ezra Pound, *The ABC of Reading* (New York: Laughlin, 1960 [1934]), p. 1.

7. George Steiner, *Language and Silence* (London: Faber and Faber, 1967), p. 264.

8. Ralph Waldo Emerson, *The Conduct of Life* (London: Dent, Everyman's Library edn, 1963[1860]) 중 "문화"에 관한 에세이 p. 221.

9. Recommendations to UNESCO for Action Plans for the Safeguarding of Endangered Language (Paris-Fontenoy: UNESCO, March, 2003)

3. 인터넷의 역할

1. *Language and the Internet* (Cambridge: Cambridge University Press, 2001). 3장의 내용은 이 책을 기초로 한다.

2. 각각 Philip Elmer-Dewitt, "Bards of the Internet," *Time*, 1994년 6월 4일자 p. 66-7; Constance Hale and Jessie Scanlon, *Wired Style: Principles of English Usage in the Digital Age* (New York: Broadway Books, 1999), p. 3; John Naughton, *The Brief History of the Future: The Origins of the Internet* (London: Weidenfeld and Nicolson, 1999), p. 143.

3. *The Simpsons*, episode 12A6.

4. Tim Berners-Lee, *Weaving the Web* (London: Orion Business Books, 1999), p. 132.

5. John Naughton, *The Brief History of the Future: The Origins of the Internet* (London: Weidenfeld and Nicolson, 1999), p. 150.

6. Berners-Lee, *Weaving the Web*, p. 151.

7. Michael Specter, "World, Wide, Web: 3 English words," *The New York Times*, 1996년 4월 14일자, pp. 4-5.

8. Ned Thomas, "How much IT can minority languages afford?"

Contact, 16(3), 2000, p. 2.

9. Marie-France Lebert, *Le multilinguisme sur le Web* (1999)에서 인용⟨http://www.ceveil.qc.ca/multi0.htm⟩.

4. 혁명 이후

1. *Nothing– Except My Genius* (Harmondsworth: Penguin, 1997), p. 4.

2. 인용된 순서에 따라, Macleish: "Riverside," in *Poetry and Experience* (New York: Houghton Mifflin, 1961), p. 10; Warren: *Saturday Review* (1958년 3월 22일); Picasso: in Dore Ashton, *Picasso on Art* (Cambridge, MA: Da Capo Press, 1972), p. 25; Pound: *The ABC of Reading* (New York: Laughlin, 1960[1934]), p. 29.

3. 인용된 순서에 따라 Longfellow: *Outre-Mer* (1883-5); Carlyle: *The Opera* (1852); Rogers: *Italy* (1822-8), in Derek Watson (ed.), *Chambers Music Quotations* (Edinburgh: Chambers, 1991), 각각 p. 7, p. 4, p. 8.

4. *Antipodes* (London: Chatto & Windus, 1985), p. 70.

5. *Morning in the Burned House* (Houghton Mifflin, 1995) p. 19.

6. *The Rain in the Trees* (New York: Knopf, 1999), p. 67.

7. *Collected Poems 1945-90* (London: Phoenix Press, 2001), p. 464.

8. *Living On* (1998, 작가에게 문의)

9. ⟨http://www.rez02.net⟩ 자료 참조.

10. *Collected Poems 1945-90*, p. 262.

11. Ibid., p. 194.

5. 21세기의 언어적 주제들

1. 나의 책 *The Stories of English* (London: Penguin, 2004)의 주제.

찾아 보기